적자생존 시장에서 경영자로 살아남기

적자생존 시장에서 경영자로 살아남기

발행일	2021년 7월 20일

지은이	신은희		
펴낸이	손형국		
펴낸곳	(주)북랩		
편집인	선일영	편집	정두철, 윤성아, 배진용, 김현아, 박준
디자인	이현수, 한수희, 김윤주, 허지혜	제작	박기성, 황동현, 구성우, 권태련
마케팅	김회란, 박진관		
출판등록	2004. 12. 1(제2012-000051호)		
주소	서울특별시 금천구 가산디지털 1로 168, 우림라이온스밸리 B동 B113~114호, C동 B101호		
홈페이지	www.book.co.kr		
전화번호	(02)2026-5777	팩스	(02)2026-5747

ISBN	979-11-6539-870-5 03320 (종이책)	979-11-6539-871-2 05320 (전자책)

(주)북랩 성공출판의 파트너

북랩 홈페이지와 패밀리 사이트에서 다양한 출판 솔루션을 만나 보세요!

홈페이지 book.co.kr • **블로그** blog.naver.com/essaybook • **출판문의** book@book.co.kr

작가 연락처 문의 ▶ ask.book.co.kr

작가 연락처는 개인정보이므로 북랩에서 알려드릴 수 없습니다.

경영컨설턴트가
콕콕 짚어주는
포스트 코로나 시대의
창업비법과 경영비책

적자생존
시장에서
경영자로
살아남기

신은희 지음

북랩 book Lab

지금 이 순간에도 어디에선가 창업을 시작하며 문을 여는 기업
이 있고, 또 어디에선가는 폐업으로 문을 닫는 기업이 있다. 그만
큼 최근 창업과 경영의 기업 환경은 그 무엇도 확신할 수 없고 아
무것도 보장받을 수 없다고 해도 과언이 아닌 불확실성의 시대를
겪고 있는 것이다.

특히 코로나19라는 세계적인 감염병 유행의 위기상황은 갑자기
지역경제를 멈춰 서게 했고, 예측할 겨를도 없이 글로벌 실물경제
를 마비시키기에 이르렀다. 이러한 팬데믹 상황이 어느덧 2년째 계
속되는 가운데, 이번 감염병 사태가 완전히 종식된다거나 코로나
이전의 상황으로 다시 돌아갈 수 있다는 것은 아무도 자신할 수
없게 되었다. 코로나 이후의 경제와 사회는 코로나 이전과는 완전

히 달라질 수밖에 없다.

이제 우리는 그 충격에서 벗어나 마치 전쟁 후 폭격으로 소실된 터전에서 다시 일어나 파괴된 산업 시설을 복구하고 사회 기반 시설을 재건해 가듯 현 시대상황을 헤쳐나가야 한다. 그리고 그 중심에서 경제를 일으켜야 하는 기업 활동이 위축되지 않도록 건강한 생태계를 조성하고 새로운 사회가 필요로 하는 창업기업을 탄생시켜야 한다. 또한 창업 후 튼튼하게 뿌리를 내리며 성장·발전할 수 있는 여건을 만들어야 한다. 왜냐하면 그렇게 생존하여 지속되는 기업 활동이 경제와 사회를 존속시키는 원동력이며, 미래를 열어가는 가장 핵심적인 유전자이기 때문이다.

우리의 일상에서 계절의 흐름에 따라 변화하는 기상환경을 예측해 그에 적절히 대비하는 대응방법을 계획하고 이를 실행에 옮기는 것은 매우 자연스러운 일로 여겨진다. 또한 이전의 경험과 학습을 통해 얻어진 노하우나 축적된 유형·무형의 자료를 토대로 최적의 대처방안을 도출하고 선택해야 하는 것 역시 당연하다. 여기에서 기존의 그것보다 훨씬 발전된 새로운 방법으로 더 효과적이고 효율적인 시도가 이루어지거나, 또는 이전과는 완전히 다른 혁신적인 대안이 등장하기도 하는데, 이는 내·외부적인 환경변화의 다양한 상황을 고려해 과거보다 개선된 현재를 만들고, 그리고 지속가능한 미래를 설계해 가기 위한 것이다.

기업이나 조직의 내·외적 환경변화와 이에 대응하는 것 또한 이와 크게 다르지 않다. 즉, 변화하는 경영환경의 흐름을 읽고, 경영활동에 영향을 미치는 요소들의 유기적인 상호작용을 통해 성장하고 발전해 나가도록 전략을 세우고, 이를 실천하는 것이 곧 기업과 조직의 생존과 영속성을 위해 필요한 과업이며, 이것은 곧 경쟁력 강화의 기반이라고 하겠다.

서두에서도 언급한 것처럼 기업의 경영환경은 매우 빠른 속도로 변화에 변화를 거듭해 가고 있으며, 상상이 현실화되는 것을 넘어서 상상을 초월하는 과학 기술의 진보가 인간의 적응 속도를 추월한 지 오래다. 또 자국의 이익을 추구하는 보호무역주의는 그 어느 때보다도 점점 강화되어 그 민낯을 확연히 드러내고, 그에 얽힌 이해관계에 따라 시시각각 변동하는 글로벌 지역사회의 이합집산현상으로 국제관계의 흐름과 역동성은 어지러울 정도다. 거기에 산업 발전의 이면에서 누적되어 온 소득과 경제의 불균형으로 인해 발생되는 지역 및 계층 간의 갈등, 부정적인 사회문제들과 심각하게 오염된 지구환경, 기후변화로 인한 초유의 위협적인 재난상황까지 더해지면서 창업은 꿈도 못 꾸고, 경영을 포기하고 싶을 지경에 이르러 있기도 하다.

그러나 현재의 위기는 곧 기회다. 또 돌이켜보면 항상 위험은 도사리고 있었고, 앞으로도 그럴 것이다. 그렇지만 악마의 강을 건너고 죽음의 계곡을 지나 다윈의 바다로 나가기 위한 생존의 몸부림과 필사적인 노력도 계속되어 왔다. 지금의 창업과 경영환경도 그렇다. 성공가능성이 높은 아이디어를 발굴하고, 시장성과 수익성이 있는 차별화된 아이템을 선정하며 혁신적인 기술개발을 통해 이를 생산하고 유통하며 판매하는 과정에서 철저한 사업화전략으로 생존가능성을 높여야 한다. 그리고 성장을 거듭하며 비즈니스모델을 리모델링해 간다면 기업은 지속가능한 미래를 설계해 나갈 수 있다. 그러기 위해 기업이 창업과 경영에 필수적으로 해야 할 것들은 무엇일까?

필자는 지난 3년여 동안 창업지원기관의 정기간행물에 경영칼럼을 쓰면서 그 핵심적인 사항들에 대해 하나하나 역설해 왔다. 그 내용들은 꼭 필요한 주제들로 구성하면서도 딱딱하고 어려운 이론을 복잡하게 설명하는 것을 지양하고, 책상 위의 지식으로 머무르지 않고 현장 중심의 활용도구가 되기를 지향하면서, 가능하면 쉬운 용어를 사용하고 간단한 해석을 덧붙여 이해를 도와 누구나 한 번 읽기 시작하면 편안하게 끝까지 읽어 내려갈 수 있도록 썼다. 그 래서 창업을 준비하는 예비창업기업이나 이제 막 시작하는 스타트 업, 그리고 중소·중견기업들이 바로바로 현장에서 적용하며 실천 할 수 있는 지침서라는 평가를 받을 수 있었다. 그리고 이제 그 낱 개의 칼럼들을 모아 한 권의 책으로 묶어 출간하게 되었다.

그러면서도 그 내용들은 현 시대상황에 적합하도록 보완하고 다 듬었으며, 창업과 경영의 흐름을 따라가면서 연관성이 깊은 주제들 로 분류해 총 4개의 장으로 나누었다. 제1장은 '생존가능한 창업'으 로, 창업을 위한 준비과정과 초기창업기업이 반드시 갖춰야 할 핵 심사항들로 사업화에 대한 기본적인 창업전략을 다루었다. 제2장 은 '성장가능한 기업'으로, 스타트업 이후 스케일업 단계의 기업 활 동 과정에서 가장 필수적인 성장전략과 시스템구축에 대한 내용을 담았다. 제3장은 '지속가능한 경영'으로, 현 시대의 경영환경에 적 응하면서 급변하는 상황 속에서 새로운 전략으로 재무장하고 지속 가능한 기업의 발전을 위한 떠오르는 트렌드전략을 제시하였다. 그 리고 마지막 제4장은 '성공가능한 경영자'로, 기업경영자인 CEO, 그 리고 조직의 주요 리더들이 성공적인 직무수행을 위해 요구되는 역 량강화 주제들이다.

글을 읽다보면 반복하여 언급하는 내용이나 지속적으로 같은 사항을 강조한 내용들도 있을 것이다. 그것은 그만큼 중요하고 몇 번을 강조해도 지나치지 않다는 것이며, 그만큼 연관성과 일관성이 있다는 것으로 이해하길 바란다. 이렇게 필자가 쌓아 온 현장 지식과 경험을 토대로 쓰여진 이 책이 현재는 물론이고 앞으로도 기업의 생존가능한 창업과 지속가능한 경영을 위한 필독서가 되길 바란다. 편안한 친구처럼 늘 가까이 두고 언제든 찾아보며 힘을 얻고, 실행에 옮겨 성공하는 데 도움이 된다면 저자로서 크나큰 기쁨일 것이다.

2021년 7월

신은희

✦ 목차 ✦

제1장

생존가능한 창업

성공적인 사업화전략,
비즈니스모델 캔버스로 시작하자

　필자는 예비창업자들이나 기존사업자들에게 "사업화전략은 세우셨습니까?", "비즈니스모델이 무엇입니까?"라고 묻는다. 이 질문을 좀 더 풀어보면, "제품이나 서비스를 어떻게 생산해서 이를 어떻게 소비자에게 편리하게 제공하고, 어떻게 마케팅하며, 어떻게 돈을 벌겠다는 구체적인 아이디어를 가지고 있습니까?"라는 말이다. 사업을 처음 시작하는 예비창업자들이나 새로운 사업아이템으로 업종을 변경하거나 추가해 사업을 확장시키려는 기존사업자들이 사업의 성공가능성을 높이기 위해서는 이 질문에 반드시 대답해야 한다.

"이런 사업은 어떨까?", "저것을 팔아보면 어떨까?"와 같이 수많은 사업아이디어 관련 발상을 하지만, 보통의 경우 수요측면 또는 공급측면 중 어느 한쪽의 입장에서만 생각하게 되기 쉽고, 사업화에 대한 전반적인 요소를 다 고려하기보다는 몇 가지 긍정적인 상황만을 보려 하기 때문에 이를 그대로 실제 사업에 옮긴다면 매우 위험한 발상이 될 수 있다. 그렇기 때문에 떠오르는 아이디어를 구체적으로 실현시켜 성공하고 싶다면, 사업에 필요한 다양한 측면을 꼼꼼하게 생각해보고 철저히 준비해야 한다.

즉, 사업화전략을 구체적으로 수립하는 것은 성공적인 사업을 위한 필수과정이다. 다시 말해 기업이 어떻게 새로운 가치를 창조하고 외부에 전파하며 어떠한 방법과 경로로 성공기회를 포착하는지이다. 그리고 이에 대한 사업전략을 매우 합리적이고 체계적으로 구성해보는 세부적인 사업전술이 될 비즈니스모델이 필요한 것이다.

그러나 이처럼 어떤 제품이나 서비스를 어느 정도의 비용으로 어떻게 생산, 홍보, 판매하여 얼만큼의 수익을 올릴 것인가의 다각적인 내용을 담은 기업의 사업계획과 비즈니스모델을 만든다는 것은 사실 매우 복잡하고 어려운 절차다. 그래서 아예 그런 과정을 생략하거나 무시하며 대략적인 구상만으로, 그리고 성공할 수 있다는 기대만으로 사업을 실행시키는 경우가 대부분이다. 또 사업을 하다 보면 방법이 떠오르거나 길이 열릴 것 같은 막연한 확신으로 준비가 미비한 채 뛰어들게 되는데, 그러면 예기치 못하게 발목을 잡혀 옴짝달싹하지 못하게 된다.

그러므로 사업화전략을 구체화시켜볼 수 있도록 보다 간편하고 수월한 방법이나 도구가 있다면 좋겠는데, 그 중 하나가 이미 잘 알려져 있는 '비즈니스모델 캔버스(Business Model Canvas, BMC)'라고 하겠다. 필자는 지난 수년간 많은 교육·컨설팅 현장에서 다양한 사업 아이디어를 가진 수많은 사람들을 만났다. 그때마다 가장 많이 활용했던 것이 바로 이것이며, 여기에서 그 핵심내용과 캔버스 작성방법을 간략히 소개하고자 한다.

비즈니스모델 캔버스는 위에서 언급한 바와 같이 비즈니스에 포함되어야 하는 사업요소들 중에서 9개의 필수항목으로 구성한 한 장짜리 사업계획서다. 1990년대부터 2000년대 초에 걸쳐 전 세계적으로 벤처창업에 대한 붐이 일어나며 수많은 기업들이 만들어지고 순식간에 사라졌다. 이 당시 많은 기업들이 생존과 성장을 위한 투자유치방법으로 비즈니스모델이라는 말을 쓰게 되었고, 그 후이 용어는 유행처럼 많은 기업 및 투자자들 사이에서 사용되어 왔지만, 무엇이 비즈니스모델인지 그 정의도 모호했고 그것을 정확히 이해하고자 하는 시도도 부족한 가운데 그냥 의례적, 개념적으로 사용되고 있던 말이었다.

그러므로 비즈니스모델 캔버스는 "도대체 비즈니스모델이란 무엇 인가?"라는 의문에 대답하기 위해서 만들어졌다. 이 캔버스를 만 들었던 알렉산더 오스더왈더는 비즈니스모델이란 용어에 대한 조 사 및 실제 기업모델, 기업인, 교수, 전문가들과의 인터뷰 등을 통 해 모은 자료를 바탕으로 9개의 핵심요소로 재구성하게 되었다.

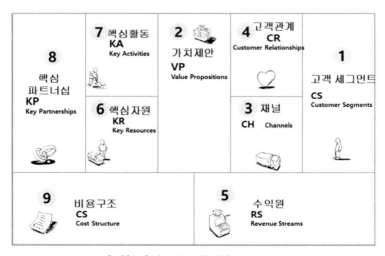

[그림 1-1] 비즈니스모델 캔버스(9 blocks)

비즈니스모델 캔버스는 가치제안(기업이 제품 및 서비스를 통하여 전달하고자 하는 것)을 중심으로 전반부(캔버스의 오른쪽 영역)와 후반부(캔버스의 왼쪽 영역)로 구성된다. 전반부인 1영역부터 5영역은 기업의 가치가 고객에게 어떻게 전달되고, 어떻게 수익이 창출되는지를 보여준다. 후반부인 6영역부터 9영역은 기업이 어떻게 가치를 만들어내는가를 보여준다.

먼저 비즈니스모델의 전반부를 보자. 주로 시장에서 고객에게 보이는 부분으로, 기업이 어떤 가치를 고객에게 전달하는지, 그리고 어떻게 그 가치를 전달하는지, 고객과 어떻게 관계를 맺는지 등에 관하여 생각할 수 있는 틀을 제공한다.

1영역: 고객 세그먼트(고객군) / CS(Customer Segments)

"당신이 도움(가치제공)을 주어야 할 대상(고객)은 누구입니까?"

즉, "누구를 위해 가치를 창조해야 하는가?", "누가 우리의 가장 중요한 고객인가?", 그리고 "각기 다른 고객군(고객 세그먼트)은 어떠한가?"다. 기업은 누가 우리의 제품 및 서비스를 사용하는지를 명확히 정의해야 하며, 만약 고객이 누구인지도 모르고, 고객에 대한 정확한 이해가 없다면 사업이 제대로 진행될 수 없다.

2영역: 가치제안 / VP(Value Propositions)

"당신이 제품이나 서비스를 통하여 고객에게 제공하고자 하는 가치는 무엇입니까?"

즉, "고객에게 어떤 가치를 전달할 것인가?", "우리가 제공하는 가치가 고객의 어떤 문제점을 해결해주는가?", "고객의 어떤 니즈를 충족시켜주는가?"다. 그리고 고객이 처한 문제를 해결해주고 욕구를 충족시켜주는 특정가치에는 제품이나 서비스를 통한 기능적인 것들뿐만 아니라, 눈에 보이지 않는 사회적 가치, 감정적 가치들까지도 포함된다.

3영역: 채널(유통경로) / CH(Channels)

"당신은 고객에게 어떤 경로나 방법을 통해 제품이나 서비스의 가치를 전달할 것입니까?"

즉, "고객과 만날 수 있는 가장 효과적인 채널은?", "그 채널은 오

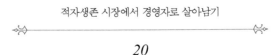

프라인가? 온라인인가?", "직접 채널을 구축할 것인가? 아니면 기존의 채널을 이용할 것인가?" 등이다. 기업의 가치를 고객에게 전달하는 방법, 기업의 가치가 고객에게 도달되는 경로를 말한다. 가치의 전달 단계에 따라 인식, 평가, 구매, 사후관리 등을 어떤 채널과 경로를 통하여 진행할 것인지 생각해볼 수 있다.

4영역: 고객관계 / CR(Customer Relationships)

"당신은 고객과 어떻게 교류하고 소통하시겠습니까?"

즉, "우리는 고객과 어떤 방식으로 관계를 형성하는가?", "우리는 고객과의 관계를 유지하기 위해 어떻게 하는가?"다. 기업이 고객을 확보하고 유지하기 위해 사용되는 방법을 말한다. 각각의 고객 세그먼트에 따른 특징을 고려하여 고객과 어떻게 상호작용하고, 어떤 관계를 구축할 것인지 생각해야 한다. 이때 고객관계에 소요되는 예상비용까지도 고려해야 할 필요가 있다.

5영역: 수익원(수익의 흐름) / RS(Revenue Streams)

"당신이 얻을 수 있는 수익(돈)은 얼마입니까?", "당신은 무엇으로 수익을 창출합니까?"

즉, "고객들은 어떤 가치를 위해 기꺼이 돈을 지불하는가?", "고객은 무엇을 위해 돈을 지불하는가?", "고객은 어떻게 돈을 지불하고 있는가?" 등이다. 고객들에게 전달하고자 하는 가치를 성공적으로 제공했을 때 얻어지는 수익으로, 고객이 기업이 제공한 가치에 대해 대가를 지불하는 방식이다. 다양한 형태의 지불방식, 즉 기업의 수익모델을 생각해봐야 한다.

다음은 비즈니스모델 캔버스의 후반부다. 어떤 자원과 활동을 통하여 새로운 가치가 만들어지는지 생각해볼 수 있는 틀로 구성되어 있고, 대부분의 경우 외부에서 보이지 않으며 고객들도 별 관심을 가지지 않지만, 기업이 제공할 가치생산과정을 알아보는 매우 중요한 영역이다.

6영역: 핵심자원 / KR(Key Resources)

"당신이 사업을 하기 위해 필요로 하는 핵심자원들은 무엇입니까?"

즉, "우리가 고객에게 가치제안을 실행하는 데에 필요한 핵심자원들은 무엇인가?", "공급채널을 위해서는 어떤 자원이 필요한가?"다. 나아가 "고객관계를 위해서, 수익창출을 위해서는 어떤 자원이 필요한가?"다. 전반부의 다섯 가지 영역을 실현하고 비즈니스를 원활하게 진행하기 위한 자산으로서 핵심자원이 필요하다. 생산자원 등의 물적자원뿐만 아니라 무형자원이나 인적자원 등도 모두 포함된다.

7영역: 핵심활동 / KA(Key Activities)

"당신의 사업에 필요한 핵심적인 기업의 활동들은 무엇이고, 어떻게 활동할 것입니까?"

즉, "공급채널을 만들기 위해 어떤 활동들이 필요한가?"다. 고객에게 제공할 가치를 만들고 원활한 사업을 진행하기 위해 필요한 활동이다. 특별한 제작과정이 될 수도 있고, 고객을 이해하는 방식

이나 고객과의 관계형성과 유지, 기업을 위한 인재를 찾고 육성하는 활동들도 포함될 수 있다.

8영역: 핵심 파트너십 / KP(Key Partnerships)

"당신의 사업에 결정적 영향을 미치거나 사업을 도와줄 핵심 파트너들은 누구입니까?"

즉, "누가 우리의 핵심 파트너인가?", "우리의 핵심 공급자는 누구인가?"다. 사업이 잘 진행되기 위해 필요한 특정한 활동들은 외부와의 파트너십을 통해 수행하며, 납품업체, 물류업체, 외부연구소, 광고업체 등 사업에 필요한 다양한 이해관계자들이 여기에 포함된다.

9영역: 비용구조(총원가구조) / CS(Cost Structure)

"사업에 소요되는 원가나 비용은 얼마입니까?"

즉, "우리의 비즈니스모델이 안고 가야 할 중요한 비용들은 무엇인가?"다. 사업운영에 있어서 발생되는 모든 비용으로, 단순히 생산비용만이 아니라 고정비, 변동비, 외주가능성 등 여러 가지를 살펴서 비용-구조를 파악하고 개선해야 한다. 핵심자원을 확보하고 핵심활동을 하는 데 들어가는 비용들을 모두 포함한다.

한마디로 말해 "기업이 어떻게 돈을 버는가?"를 보여주는 비즈니스모델 캔버스는 9개의 영역들이 유기적인 연결을 통해 어떻게 기업이 수익을 창출하는지, 그 흐름을 누구나 한눈에 이해할 수 있도록 도와주고 있다. 그러므로 당신의 아이템을 성공시키고 싶다면, 사업화전략을 수립한 다음 가장 먼저 해야 할 일은 비즈니스모델 캔버스를 작성하는 것이다. 그리고 채울 수 없는 빈칸이나 아직 명확하게 제시할 수 없는 영역이 있다면, 바로 그 요소가 당신의 사업성공을 저해하는 가장 큰 장벽이 될 수 있다는 것을 명심해야 한다.

투자자를 사로잡는
사업계획서 작성전략과 IR 피칭기법

'사업자금이 필요한데 어떻게 마련할까?', '대출을 받을까? 투자를 받을까?', 또 '투자를 받으려면 어떻게 해야 할까?'

사업가라면 누구나 이런 고민을 해본 적이 있을 것이다. 물론 그렇지 않은 경우, 즉 창업단계에서부터 충분한 자금력이 있거나, 아예 자금규모에 맞춰서 사업을 진행해 간다면 굳이 대출이나 투자에 대해 관심을 가지지 않을 수도 있다. 그러나 창업을 준비하는 예비창업자나 초기 스타트업, 또는 이미 경영활동이 안정화된 기업들이라도 신사업아이템 개발이나 사업변경, 사업다각화단계에서 사업자금 조달이 절실한 상황을 마주할 때가 있다. 이때 대출보다는 투자유치를 선택했다면, 그리고 어떻게 해야 성공적으로 투자자에게 선택받을 수 있을지에 대한 해결책을 찾는다면 이 항목이 도움이 될 것이다.

새로운 아이디어를 발굴하고 혁신적인 기술을 개발해 현재의 가치보다는 미래의 가치를 평가받아야 하는 신사업아이템은 높은 잠재력을 예측해 미리 그 비즈니스규모를 가시적으로 증명해보여야 한다. 특히 스타트업 기업들은 대부분 소규모 자본금으로 시작하고, 상대적으로 시장성과 수익성에서는 높은 위험을 가진 신생기업으로서 다양한 불안정성을 내포하고 있기 때문에 투자를 받기가 매우 어렵다. 그러므로 투자자에게 기술가치와 기업가치에 대해 객관적으로 타당한 근거를 제시할 수 있어야 하고, 성장가능성에 대한 잠재력을 증명해보여야 인정받을 수 있다. 구체적인 비즈니스모델로 정상적인 사업궤도에 올릴 성공전략, 즉 사업계획을 제시하고 그것을 통해 투자자를 효과적으로 설득해야 한다.

그런데 미래가 불투명한 신사업아이템이나 사업이력이 없는 스타트업이 투자를 받는 것은 쉽지 않은데, 군이 투자를 받아야 할까? 차라리 대출을 받는 것이 더 낫지 않느냐고 묻기도 한다. 일리가 있는 말이다. 자기자본만으로 사업화가 가능하다면 군이 외부 자금을 끌어다 쓸 이유가 없기도 하고, 대출을 받을 만한 담보와 신용, 그리고 상환여력이 있다면 투자유치가 아니라 대출을 선택해도 된다. 하지만 대출조건에 맞추기가 어렵거나 대출금만으로는 자금 확보에 한계가 있다면, 보완적인 방법으로 투자를 받는 것이 돌파구가 될 수 있다. 더구나 스타트업의 성공여부를 가르는 핵심요소는 사업진행 속도와 지속가능한 성장이라고 볼 때 연구개발(R&D, Research and Development)단계에 이어지는 제품화 단계와 시장진출 시기를 놓치지 않고, 신속하게 사업을 추진하면서, 시장을 선도해 나가기 위해서는 투자를 받는 것이 전략적으로 더 낫거나 때로는 필수불가결한 상황이 될 수도 있다.

사실, 스타트업, 특히 벤처기업 등에게는 초기 창업단계에서 자금문제 말고도 헤쳐나가야 할 다양한 장애물이 산재해 있고, 뛰어넘어야 할 수많은 위험이 도사리고 있어서 기업역량을 집중해도 부족한데, 투자유치를 위한 과정이 너무 힘들고 상당한 시간과 노력이 요구되기 때문에 스트레스를 많이 겪게 되면서 투자환경에 접근하는 것조차 어렵다고도 한다. 그러나 투자유치를 통해 사업화에 필요한 자금력을 키워야 하는 이유는 오히려 이런 이유에서도 찾을 수 있다. 그런 문제들을 해결하면서 이른바 악마의 강을 건너고 죽음의 계곡을 지나 다윈의 바다로 나아가려면 투자유치과정을 거치며 투자금을 확보하고 투자자를 만나는 것에서 생명력을 얻어

성장해 갈 수 있는 동력을 얻고 필요한 자양분과 우호적인 환경을 조성할 수 있기 때문이다. 또한 이후 추가적으로 투자유치가 더 필요한 시점에서 이미 투자를 받았던 이력과 그 성과를 제시할 수 있다면 긍정적인 자료로 작용할 가능성이 높다.

다시 말하자면, 투자유치를 위한 사업계획서를 작성하는 것만으로도 기업이 가지고 있는 기술력과 상품성, 시장성, 수익성 등을 현실적으로 보다 냉정하게 예측해볼 수 있으며, 그에 필요한 자금규모 등 전체적인 경영전략을 수립해 가면서 이를 보완할 수 있다. 또한 투자유치를 위한 기업설명활동과정, 즉 투자유치설명회라고도 하는 IR(Investor Relation)을 통해 사업아이템의 성공가능성을 검증받게 되기도 하고, 몇 번의 설명회를 거듭하는 동안 점점 더 성공가능성이 높은 사업아이템으로 만들어지는 경우도 많다. 또 투자자를 확보하게 되면 그때부터야말로 든든한 후원자이자 멘토를 얻는다고 보아도 된다. 왜냐하면 기업이 성공하고 수익을 많이 낼수록 투자자의 수익도 올라가기 때문에 기업에게 도움이 되는 역할을 하게 되는 것이 당연하다. 재무전략은 물론이고, 사업진행단계마다 놓치지 않고 챙겨야 할 부분들에 대한 조언이나 상담을 해주기도 한다. 여기에서 투자자는 개인투자자에서부터 기관투자자뿐만 아니라, 정부나 지자체에서 스타트업이나 강소기업, 중건기업을 육성하는 지원금 형태의 투자까지 포함해 매우 다양하게 볼 수 있다.

물론 투자유치를 위해서는 비즈니스모델을 정확히 개발해야 한다. 기업의 경영전략에 따라 그 투자자금규모가 달라진다. 앞서 언급한 바와 같이 투자자는 개인투자자에서부터 기관투자자까지 매우 다양하다. 보통 수천만 원에서 2~3억 원 정도까지는 엔젤투자나 전문 엑셀러레이터의 투자를 받게 되고, 5억 원 이상 금액이 커지면 벤처캐피탈(VC) 또는 기관투자자로부터 투자를 받게 된다. 그러므로 기업은 사업화에 필요한 전체 자금규모를 산정하고, 그에 따라 투자유치를 통해 얼마만큼의 자금을 확보할 것인지 계획을 잘 세워야 한다. 또 어느 곳으로부터 투자를 받을 것인지 파악하는 것도 중요하다. 그래야 투자유치에 성공적으로 접근할 수 있고, 기업경영에 효과적으로 활용하며 성장해 갈 가능성이 높아진다.

그렇지 않으면 투자를 받았음에도 자금규모에 맞지 않게 부족할 수도 있다. 반대로 불필요하게 많은 투자금액을 확보하게 될 수도 있으며, 이는 오히려 독이 될 수 있다. 또 건전하고 안전한 투자자와 매칭이 되는 것도 매우 중요하다. 자칫 잘못하면 투자를 받은 후, 기업의 사업화단계에 지나친 간섭을 받아 기업경영의 자율성을 잃게 될 수도 있으며, 기업이미지에도 타격을 입는 경우도 있으니,

자금 조달 계획과 규모를 미리 파악하고 수개월 동안의 준비를 통해 안전하고 긍정적인 투자유치가 요구된다.

그러면 이제부터 기업에 적합한 투자자에게서 원하는 투자금액을 확보하는 투자유치에 성공하기 위해 반드시 필요한 사업계획서는 어떻게 작성해야 할 것이며, 그것을 바탕으로 사업설명회에서는 투자자들을 상대로 어떻게 해야 원하는 것을 얻을 수 있는지에 대해 알아보자. 이 내용들은 필자가 지난 10여 년 동안 창업현장과 기업경영현장에서 교육과 컨설팅을 수행해 오면서, 엔젤투자클럽에 소속되어 전문 엑셀러레이터 기관과 협업해 오면서, 각종 심사평가 및 IR피칭의 현장에서 얻은 결과들을 정리해본 것이다.

먼저 효과적인 사업계획서 작성전략이다. 투자유치를 위한 사업계획서 작성기준의 핵심은 투자자에게 신뢰를 줄 수 있도록 작성되어야 한다는 것이다. 사업아이템의 기술성을 증명할 수 있어야 하고, 그에 따른 사업화가능성에 대한 객관적 예측, 즉 상품성과 시장성에 따른 수익성 예측, 그리고 이것을 구현할 수 있도록 기업이 보유하고 있는 역량과 성공가능성을 가시적으로 보여주는 것이 중요하며, 그 주요사항들은 다음과 같다.

1) 사업아이템에 대해 명확한 정의를 내려라

비즈니스모델이 명료하게 드러나야 한다. 예를 들어, 6하원칙에 의거하여 사업주체는 누구이며, 무엇을 해결하고자 하는지, 어떻게 실행할 것인지, 주력시장은 어디인지, 왜 이 사업을 해야만 하는지에 대한 근거, 즉 사업추진 배경과 필요성 및 사업목적이 명확하게 나타나야 한다. 그리고 그것이 한눈에 보이고, 처음부터 끝까지 일관성 있게 하나의 스토리처럼 매끄럽게 작성되어야 한다. 너무 복잡하고 길지 않아야 하고, 어렵게 설명할 필요도 없다. 이 사업아이템에 대한 전문성이 없는 사람이라도 대략적으로 이해할 수 있도록 쉽게 설명해야 하고, 전문가가 본다면 핵심사항이 잘 드러나게 요약하는 것이 좋다.

2) 투자자 관점에서 이해하기 쉽도록 작성하라

사업아이템의 기술성, 시장성, 경제성 등을 구체적인 비즈니스모델로 개발해야 하는데, 이때 중요한 포인트는 사업주체만이 아닌 투자자 관점에서 이해하기 쉽고 공감할 수 있어야 한다. 특히 주의할 사항은 주관적인 시각에서 분석하고, 긍정적인 시그널만 주려고 하면 실패하기 쉽다는 것이다. 가능한 한 객관적인 자료들을 근거로 제시할수록 신뢰감이 높아진다. 또 부정적인 측면이나 리스크까지도 다루고 그에 대한 대책방안을 함께 마련하며 기회요인을 활용하는 전략을 짰다면 오히려 더 설득력이 있다.

3) 자금운용에 따른 수익모델을 확실히 제시하라

투자자가 가장 관심을 갖게 되는 포인트는 수익구조이며 언제쯤, 어떻게, 얼마나 발생할 것인지를 알고자 한다. 즉, 전체 자금규모는 얼마이고, 투자금은 어떤 용도로 사용할 것인지, 그럼으로써 투자자가 얻게 되는 이익은 언제, 얼마나 발생하는지를 궁금해 한다. 그러기 위해서는 사업아이템을 실행시키는 목적과 방향이 확실해야 하고, 거기에 필요한 비용과 수익에 대한 현실적인 분석과 이해가 있어야 한다. 이를 위해서는 기본적으로 기업가 정신에 바탕을 둔 건실한 기업경영윤리가 필요하다. 그야말로 뜬구름 잡듯이 스케일만 키우거나 매력적으로 보이도록 부풀려 포장해서는 전문 투자자들의 의구심 해소에 도움이 안 되며, 예리한 심사를 피해갈 수 없음을 명심해야 한다.

그러면 투자유치를 위한 사업계획서에 포함되어야 할 기본적인
사항들을 하나하나 살펴보면서 각 항목에서 중점적으로 다뤄야 할
주요내용은 무엇인지 알아보자.

① 기업현황: 기업비전과 연혁 및 실적, 경영진 및 주주, 조직현황 및 담당역
   할에 대한 전문성과 핵심역량

② 사업개요: 사업선정 배경과 필요성, 사업목적과 목표 및 아이템 개발에 대
   한 관련법규 또는 근거 등

③ 사업내용: 제품소개, 기술성, 상품화가능성, 생산판매계획, 국내외시장분
   석, 수요예측, 경쟁사분석, 리스크분석, 차별화전략, 마케팅전략, 판로개척,
   유통계획, 보유자원, 사업파트너 등

④ 재무현황: 자금현황, 자금소요 및 조달계획, 추정재무상태 및 손익분석, 예
   상 수익구조

⑤ 추진계획: 사업진행계획, 사업화 각 단계별 추진일정, 투자금 및 이익금 회
   수기간 및 시점

⑥ 향후전망: 파급효과 및 기대효과, 향후 추가계획 등

⑦ 첨부서류: 사업자등록증, 등기부등본(법인), 금융기관거래확인서, 기술 등
   각종 특허 및 제품인증서, 제품 소개 및 안내 팜플렛, 해당 사업관련 기타
   자료나 문서 등

위와 같이 사업계획서를 작성할 때에도 몇 가지 주의사항이 있다. 그중 가장 유의해야 할 점이라면 너무 긴 서술형 문장을 사용하거나, 이미지 없이 텍스트로만 작성되거나, 관련성이 적은 이미지를 남발하는 것은 좋지 않다는 것이다. 해당 사업아이템이나 관련해 진행되는 프로젝트에 대해 잘 모르는 제3자나 비전문가가 보아도 쉽게 알아보고 이해할 수 있는 내용으로 간단명료한 텍스트와 관련 이미지를 사용하고, 전문가의 시각에서 보았을 때에도 오해의 소지가 되거나 문제가 될 만한 자료들은 사용하지 않음으로써 신뢰를 주는 것이 좋다.

이제 이렇게 작성된 사업계획서 내용을 가지고 사업설명회에서 투자자들을 설득하고 공감을 얻어내려면 어떤 전략과 기법이 요구될까? 즉, 실제 IR현장에서 투자자들에게 사업아이템을 매력적으로 어필하고 투자를 받아내는 데에 구체적으로 필요한 방법은 무엇일까? 그렇다. 사업계획서를 잘 작성했다고 하더라도 현장에서 투자설명회를 통한 투자유치에 성공하기까지는 아직도 갈 길이 멀다고 하겠다. 핵심 포인트는 문서로 작성된 사업계획서의 많은 내용 중에서 투자자들에게 필요한 핵심내용을 강조함으로써 호소력을 높여 투자자들의 마음을 사로잡을 수 있어야 한다.

투자설명회에서의 기업 활동을 '발표'나 '프리젠테이션'이라고 하지 않고, 'IR피칭'이라고 부르는 까닭이 바로 여기에 있다. 피칭(pitching)은 야구에서 투수가 타자를 향해 볼을 던지는 동작을 말한다. 그런데 좀 바꾸어서 말하면, 투수는 타자에게 공을 던지기보다는 포수에게 던져, 포수의 글러브 속에 정확히 꽂히도록 피칭해야 목적을 달성하는 것이다. 그렇게 원하는 대로 정확한 투구를 하기 위해서는 그야말로 엄청난 집중력으로 전력투구를 해야 한다. 물론 그 순간을 위해 많은 시간과 노력으로 준비하는 것은 당연하다. 그러므로 IR피칭에 있어서도 마치 마운드에 선 투수처럼 투자자에게 공을 꽂는다는 자세로 준비하여 어필해야 한다. 투자자의 머릿속을 꽉 채우고, 가슴속 한가운데를 차지하면서 그들을 사로잡아야 한다.

그러면 성공적인 IR피칭을 위한 전략과 현장에서의 피칭기법은 어떠해야 하는가?

먼저 IR피칭을 위한 자료를 만들어야 한다. 다시 한번 강조하지만 무엇보다도 투자자의 입장에서 얻고자 하는 정보를 담는 것이 중요하다. 물론 자료의 내용과 형식 둘 다 중요하다. 즉, 꼭 담겨야 할 내용을 IR피칭 현장 상황에 맞게 구성해야 된다는 말이다. 완성된 사업계획서를 바탕으로 주요내용을 간추리고, 짧은 시간에 무엇으로 투자자들을 설득시킬 것인지 결정하고, 집중적으로 소구할 내용으로 구성해야 한다. 한글이나 워드파일에 작성했던 상세자료 중에서 핵심내용만 전달하기 쉬운 파워포인트 등을 사용해 프리젠테이션용으로 작성하되, 빠르고 쉽게 이해할 수 있고, 지루해하지 않고 집중할 수 있도록 작성한다.

장황한 설명보다는 필수적인 내용만 간결하게 담아야 하며, 현재 시장문제, 즉 고객의 문제를 인식하는 것에서부터 출발해 이 아이템이 그 문제를 어떻게 해결하려 하는지, 그리고 그것을 사업화하기 위한 비즈니스모델, 특히 수익모델을 제시하는 것이 가장 핵심이다. 거기에 왜곡된 자료나 과장된 설명은 반드시 지양해야 한다. 시각 등 감각적으로 스트레스 없이 편안하게 자료를 보고 받아들일 수 있게 하는 것이 좋으므로 사진이나 이미지를 사용하면 효과적이지만 너무 많이 삽입해 산만해지지 않도록 한다. 또 동영상 등을 활용하여 실감나는 시청각적 효과로 자료를 제시하는 것은 좋지만, 종종 IR현장의 컴퓨터와 호환이 되지 않거나 동영상 구동이 잘 안 되기도 하고, 스피커 작동에 실패하는 경우가 많아 자칫 집중도를 떨어뜨리고, 귀중한 시간을 허비하는 경우가 많으므로 신중해야 한다.

다음으로 중요한 것은 전달방식이다. 즉, 투자자들에게 어떻게 전달하느냐에 따라 투자유치 성공 여부가 달라지기도 한다. 그래서 IR피칭도 사업역량이라고 한다. 미국의 뇌과학자이자 신경경제학 교수인 그레고리 번스(Gregory Berns)는 "아무리 새롭고 신선한 아이디어를 가졌더라도 효과적으로 설명하지 못하면 쓸모가 없다"고 했다. 즉, 아무리 혁신적인 기술로 새로운 아이템을 개발해 성공가능성이 높은 사업계획을 세웠더라도 투자자들에게 효과적으로 설명하지 못하면 투자는커녕 오히려 시간낭비만 하게 되고, 이로 인해 자존감마저 저하될 수 있다. 그러므로 자신감 있게 신뢰감을 주고 전달력을 높이도록 전략을 세우고, 실전연습을 해야 한다.

또 와튼스쿨의 스튜어트 다이아몬드 교수가 『어떻게 원하는 것을 얻는가』에서 강조했듯이 협상에서 차지하는 주요 요소의 비중에서 내용은 8% 정도인 반면 사람이 55%, 절차가 37%라고 하지 않았던가? 바로 '무엇'보다는 '누가', '어떻게' 협상하느냐가 중요하다는 것이다. 또 앨버트 메러비안이 제시한 '메러비안 법칙'에서는 의사소통에서 중요한 요소가 내용은 7% 정도이나 시각적, 청각적 효과가 93%라고 하지 않았던가? 어떻게 보여지고, 어떻게 들려지도록 전달하느냐가 그만큼 중요하다는 것이다. 물론 이러한 주장이 IR현장에서 그대로 적용되는 것은 아니고, 사업아이템마다, 그리고 투자자들의 성향에 따라 다르게 받아들여질 수는 있다. 그러나 현장에서 IR피칭을 하는 전달력이 상당히 중요한 요소인 것만은 분명하다.

필자가 이렇게 말하는 데에는 또 하나의 이유가 있다. IR현장에서는 단지 몇 분간 발표만 하고 끝나는 것이 아니라, 대부분 발표 후 주어지는 질의응답시간이 성패를 가르는 기로가 된다고 해도 과언이 아니다. 그런데 그 질의응답시간도 아주 짧다. 그러므로 투자자들은 궁금한 사항, 확인하고 싶은 사항을 콕 집어 물어본다. 그런데 이때 긴장된 상태로 막 피칭을 끝낸 후, 많은 사람들의 주목을 받은 가운데 질문을 받으면 공격받는다고 생각하기 쉽고, 자존심이 상하기도 한다. 또 아이템에 대해 전문적인 지식이 없는 투자자의 질문에 당황하기도 한다. 거기다가 투자자의 질문은 사업화에서 가장 숨기고 싶은 부분, 제일 취약한 부분을 건드리기도 한다. 그러므로 답변을 하기에 스스로도 잘 모르거나, 알면서도 대책이 부족한 경우가 많다. 그러다보니 자신감을 잃거나 감정적으로 불안해질 수도 있으며, 답변과정에서 그러한 심리상태가 그대로 노출되면 부정적인 태도로 보이기 쉽다. 결국 명쾌하게 의구심 해소를 하지 못하고, 누구도 원하지 않는 결론으로 도달하고 만다. 사실 투자자는 아이템에 대해 좀 더 알고 싶어 하고, 그래서 믿고 투자하고 싶어 한다. 그러므로 그들에게 필요한 정보를 주고, 긍정적인 언어와 협력하는 태도로 진정성을 보여줘야 한다. 그 자리에서 충분한 답변이 어려우면 사후 보완자료나 설명을 약속하는 것도 좋은 태도다.

지금 새롭게 기획하고 있는 프로젝트나 신사업, 새로운 아이템이 있는가? 그 아이템으로 창업을 하거나 본격적으로 사업화해 성공하고 싶은가? 그런데, 자금이 문제인가? 그리고 대출보다는 투자를 받고 싶은데, 어떻게 해야 성공할 수 있을지 답답해하거나 걱정만 하고 있는가? 그렇다면 '왜? 무엇을? 어떻게?'라고 스스로에게 질문하는 것부터 시작해보자. 그래서 아이템에 대한 확신이 섰다면, 사업화를 위한 기초스케치로 밑그림을 그려보고, 누가 보아도 매력적인 아이템으로 프레임을 짜보자. 그리고 차근차근 사업계획서를 작성해보고, 투자유치를 위한 IR피칭을 하나하나 준비한 다음, 직접 투자유치 현장에 나가보자. 그럴수록 성공가능성이 높아질 것이며, 지속적으로 성장할 수 있는 동력이 되어줄 것이다.

새로운 시장을 개척할
당신의 차별화전략은 무엇인가

"틈새를 비집고 들어가라"고 한다. 자갈이 가득 차 있는 공간에 더 이상 자갈을 채울 수는 없지만, 그 사이로 작은 모래알은 얼마든지 더 들어갈 수 있지 않은가? 이미 포화상태인 시장상황에도 빈 틈은 있기 마련이며, 보이지 않으면 좁은 틈을 만들어서라도 뚫고 들어간다면 새로운 시장을 개척하고 고객을 창출할 수 있지 않겠는가? 이른바 '틈새시장'을 만들어 갈 당신의 '차별화'포인트는 무엇인가?

먼저 전체시장을 분석하고 그 중에서 공략할 타깃시장을 설정한 후 경쟁사에 비해 비교우위에 있는 핵심전략 포인트의 차별화가 확실하다면 성공할 가능성이 높다. 예를 들면 기업의 다양한 생산방식이나 조직의 서비스방법, 소비자들의 다양한 욕구에 따른 마케팅은 기존의 대량마케팅 개념에서 목표시장 마케팅, 틈새시장 마케팅이라는 새로운 개념으로 지속가능한 판로개척과 시장진출을 가능케 한다.

이 틈새시장상품을 개발하고 만들어 나가는 것을 '니치(niche) 마케팅'이라고 하며 '남이 아직 모르는 좋은 낚시터'라는 은유적 뜻을 담고 있다. 즉, 고객을 대규모 집단으로 보고 대량생산, 대량유통, 대량판매를 하던 '매스(mass) 마케팅'과는 대립되는 것으로, 시장을 쪼개고 쪼개서 소규모의 특정 부류로 고객을 분류하고 틈새를 비집고 들어가 그 세분화된 시장에서 기업이나 조직의 생존과 성장을 도모하는 것이다.

그런데 이러한 니치 마케팅의 니치상품은 이제까지 전혀 없던 새로운 발명상품이라기보다는 기존 제품에 어떤 부분을 수정하거나 보완한 것, 혹은 비슷한 제품이나 서비스끼리, 또는 전혀 다른 두 개 이상의 제품이나 서비스끼리 접목하거나 융합해 아주 새로운 것을 창출해낸 것이다. 다시 말해 복잡한 구조나 과정, 기능을 오히려 단순화시키거나, 또는 편리한 기능을 추가하거나 불편함을 해소하는 등 차별화된 콘셉트를 제공함으로써 새로운 기술과 새로운 혜택으로 기존의 시장에서 비어 있는 틈새를 공략해 새로운 시장을 개척해 가는 것이다.

이렇게 차별화된 전략으로 성공한 기업제품의 사례를 들어보자. 예를 들면 '김치냉장고'가 있다. 국내의 냉장고 보급률은 이미 100%에 가까워서 제품수명주기로 보면 성숙기에 도달해 포화상태에 있을 때, 김치냉장고는 기존 냉장고 시장이 아닌, 전혀 새로운 시장을 창출했다. 김치와 생과일, 생야채, 생고기 등 고객의 라이프스타일을 분석한 새로운 욕구를 파악하고 기존의 기술과 제품을 변화시켜 소비를 선도해 나가며 틈새시장을 개척한 것이다. 또 카카오뱅크의 새로운 금융서비스방식은 금융과 정보통신기술의 접목과 융합이 새로운 시장을 만들어낸 사례다.

이처럼 틈새시장의 차별화전략을 위한 니치 마케팅에는 몇 가지 원칙이 필요하다.

첫째, 시대의 흐름과 세상이 요구하는 것이 무엇인지 읽어야 한다. 즉 변화의 트렌드를 꿰뚫어보아야 한다. 왜냐하면 거기에 새로운 기회가 있고, 그 기회를 찾아내는 것이 차별화를 위한 창의적

아이디어 발상의 출발점이 되기 때문이다.

둘째, 급속하게 변화해 가는 기업현장의 기술개발과 제품생산라인, 끊임없이 진화하는 고객의 역동적인 욕구를 파악하며 그들의 라이프스타일에 대한 지속적인 연구가 필요하다. 생산현장과 제품의 유통, 그리고 서비스과정에서 비롯되는 문제점들을 개선하고, 소비자들의 기호와 개성에 따른 수요를 선도하고, 시장을 선점해나가는 것이야말로 틈새시장 개척에서 가장 요구되는 차별화 전략이다.

셋째, 틈새시장에서는 확실한 비용대비 가치를 설정해야 한다. 즉, 저가로 공략할 것인지, 아니면 고품질과 고가로 승부할 것인지를 먼저 결정하고 정체성을 강조해야 한다. 틈새시장은 대중적 시장에서 분화된 타깃시장이 목표이기 때문에 타깃고객의 구매력을 높이기 위한 제품의 원가와 가격정책이 성공에 매우 중요한 차별화 포인트가 된다.

넷째, 장수브랜드가 되도록 브랜드이미지에 대한 긍정적 인지도 관리에 힘써야 한다. 틈새시장이라고 해서 단기적이고 일시적인 제품판매나 시장 개척으로 끝나서는 안 된다. 또 새로운 틈새상품을 개발하고 틈새시장을 개척하며 지속가능한 성장과 발전을 위해서는 타 브랜드와 차별화된 전략적 브랜드관리가 반드시 필요하다.

그렇다면 이렇게 새로운 틈새시장에서 성공하기 위해 어떻게 차별화할 것인가에 대해 좀 더 자세히 알아보기로 하자. 이때 중요한 포인트는 틈새시장은 대중적 시장, 대량시장과는 분명히 다르기 때문에 거기서 고객을 만족시키기 위한 전략에 있어서도 차별화된 마케팅전략을 구체적으로 펼쳐나가야 한다는 것인데, 요약하자면 '제품 및 서비스', '고객서비스', '유통경로', '커뮤니케이션' 방식으로 정리해볼 수 있다.

먼저, '제품 및 서비스의 차별화'다. 기존 제품이나 서비스에 비해 달라진 특이성을 추구함으로써 잠재소비자의 수요를 이끌어내는 마케팅전략이다. 제품의 성능, 성분, 특성, 품질, 디자인, 포장 등 물리적 특성을 변화시키는 방식, 그리고 광고나 판매 방식, 진열 방법 및 서비스 방식 등 그 제품을 둘러싼 환경을 변화시키는 방식이다. 이 두 가지 요소를 결합시켜 적절히 활용한다면 제품의 수명주기를 넘어서 새로운 시장을 만들 수 있다. 이는 특히 변경제품이나 변경서비스로 기존 제품을 이용하던 고객에게도 새로운 욕구를 불러일으킬 수 있다.

다음은 '고객서비스의 차별화'다. 고객이 구매하려는 제품이나 서비스 이외에 부가적인 서비스의 개념으로 고객 개개인에게 초점을 맞춘 고객지향적 마케팅이다. 이는 고객을 배려하고, 제품이나 서비스를 구매하고 이용하는 과정에서 고객이 겪는 어려움이나 불편함을 제거해주거나 고객이 해결해 가는 데에 도움을 줌으로써 우리 제품이나 서비스에 고객에게 감동을 주고, 좀 더 쉽게 다가올 수 있도록 하는 전략이다. 그리고 나아가 더 적극적으로 고객에게 관심을 가지고 문제점을 찾아 나선다면 작은 부정적 요소라도 예방하고 장애물을 걷어내 긍정적 이미지와 절차적 방법을 제공해 줄 수 있기 때문에 틈새시장 개척에 매우 중요한 통로가 될 수 있다.

그리고 '유통경로의 차별화'도 중요하다. 고객이 우리의 제품과 서비스를 만나는 곳이 어디인가? 그렇다면 고객이 그것을 어렵게 찾아야 하거나 힘들게 오도록 기다려서는 안 된다. 다양한 유통경로를 만들어 우리가 찾는 고객이 보다 쉽고 편리하고 즐겁게 우리의 제품과 서비스를 빠르게 만나고 이용할 수 있도록 길을 만들어놓고, 먼저 다가가야 한다. 기존의 판매경로뿐만 아니라 전혀 없던 길도 뚫고 장소도 만들자.

여기에 '커뮤니케이션의 차별화'는 두말할 나위도 없다. 이제 고객과의 쌍방향소통을 통한 촉진은 반드시 필요한 핵심마케팅이다. 새로운 시장을 개척하는 틈새시장은 여러 가지 통합마케팅 커뮤니케이션전략으로 고객에게 알리고, 고객의 새로운 욕구를 들으며 고객이 좋아하고 만족할 만한 방식과 요소들을 적극적으로 활용해야 한다. 기업의 입장에서 전하는 일방적 소통방식으로는 매우 낮은 효율성을 가져올 뿐이다. 고객이 선호하는 소통채널과 소통방식으로 접근하고, 그들의 이야기를 듣는 것을 게을리하지 말아야 한다. 특히 목표시장으로 설정한 고객들의 라이프스타일에 기반을 둔 판촉활동은 기업과 고객의 유대감을 강화시키는 관계마케팅의 핵심이다.

불안정한 내·외부의 기업 환경과 시장상황은 이제 더 이상 놀라운 일이 아니다. 거기에 4차 산업혁명이라 불리는 로봇과 인공지능, 사물인터넷 기술의 발달과 나날이 새롭게 등장하는 발명품과 서비스방식, 그리고 빠르게 진화하고 변화하는 고객의 욕구는 기존의 기업이든 새로 시작하는 기업이든 그에 따른 새로운 기업경영전략이 없다면 생존도 성장도 불가능한 시대를 이끌고 있다. 이럴 때일수록 기업이나 조직은 남다른 차별화만이 정글 같고 사막 같은 창업생태계에서 살아남기 위해 가장 든든한 경쟁력이 된다. 지금 괜찮다고 하더라도 항상 이다음을 생각해야 하며, 앞이 보이지 않더라도 포기하지 말고, 무엇을 다르게 할 것인가에 초점을 맞춰라. 고객의 다양한 수요에 부응하고, 때로는 선도해 나가기 위한 당신의 차별화전략은 무엇인가?

R&D, 기술사업화의 성공을 위한
단계별 전략적 마케팅

　'악마의 강', '죽음의 계곡', '다윈의 바다'는 기술을 사업화해 성공하기 위한 기업이라면 반드시 넘어야 할 필연적 3대 장애물이라고 한다. 즉, 실험실의 기초연구부터 기술개발까지 제1단계 악마의 강, 이후 초기사업화까지의 제2단계 죽음의 계곡, 그리고 사업화 이후 제품양산으로 본격적인 사업화 성공에 이르기까지의 제3단계 다윈의 바다다. 이는 R&D 기술기반으로 사업화하려는 대부분의 기업들이 거치고 통과해 가야 하는 길이다.

　'기술사업화'는 넓은 의미로 기술개발, 공동협력연구, 전문인력 양성, 기술창업보육, 창업자금 정보 및 네트워크구축, 엔지니어링, 생산입지 및 공장설립, 관리 및 영업인력 교육훈련, 마케팅 및 국내외 시장 개척 등을 포함하고 있으나, 본 항목에서는 연구개발을 통한 혁신적인 기술을 제품으로 생산하고, 이를 시장에서 판매해 수익을 올리는 기업의미로 다루겠다.

   시장에서 경쟁력 있는 상품으로 매출을 올리는 대기업 제품들이라도 탄탄한 기술력과 대규모 자금력이 뒷받침되어 겉으로 드러나지 않을 뿐이지 이러한 장애물을 극복하기 위해 수없이 많은 실패를 거듭했을 것이다. 10개의 우수한 아이디어 중 겨우 1개만이 겨우 이 죽음의 계곡을 건넌다고도 하며, 3,000개의 다듬어지지 않은 아이디어 중 이 극한의 장애물을 넘어 성공하는 것은 불과 1~2개 정도라고도 한다. 이는 아이디어가 없거나 나쁜 것이 아니라, 아이디어를 시장에 진출시키는 전략의 부재 혹은 실패라고 할 수 있다. 특히 기술력과 자금력이 부족한 소규모 연구실이나 중소·중견기업에서 거대한 장애물을 넘어 지속가능한 사업화에 이르기까지는 각 단계별 성공전략을 수립하고 이를 실행해 가는 것이 중요하다.

   특히 뉴노멀(New Normal)상황마저도 하루가 다르게 새롭게 반복되는 불확실한 경제기반과 예측불허의 경영환경으로 급변하고 있는 지금의 기업생태계에서 생명력을 갖고 살아남고, 나아가 유니콘

제품, 유니콘기업으로 성장하기 위해서는 무엇보다도 기술개발이 시장성 있는 상품으로 이어질 수 있는 마케팅전략이 가장 핵심이라고 하겠다. 다시 말해 기술성은 곧 시장성과 상품성을 갖추도록 전략적 기술개발을 했을 때 사업성을 가질 수 있다는 것이다.

그러므로 여기에서는 연구실의 R&D가 시장에서 상품이 되기 위해, 그리고 더 나아가 대량생산의 산업화로 성공하기 위해서 건너야 할 세 번의 험난한 장애물을 극복하기 위한 각 단계별 전략적 마케팅을 어떻게 해야 하는지에 대해 알아보고자 한다. 그러기 위해 이 3대 장애물이 어떤 속성을 가지고 있는지 좀 더 자세히 얘기해보자.

첫째, 악마의 강이다. 이 단계는 아이디어를 구체화해 가는 단계로 사업화 이전의 R&D 과정, 즉 연구개발단계다. 기업내부의 기술자원, 즉 시즈(seeds)라고 할 수 있는 핵심기술은 악마와 싸워 이기고 강을 건너는 데 가장 중요한 무기가 된다. 물론 이 기술은 이후 특허를 얻어 경쟁력을 갖게 되고, 추후 초기사업화 단계를 지나 대량 산업화에 이르는 과정에서도 가장 큰 힘을 발휘하며, 제품생명력의 원천이 된다. 이 기간은 때에 따라서는 수년에서 수십 년이될 수도 있다. 다만, 너무 시대의 흐름에 뒤처지거나 반대로 너무 앞서나가면 사업화단계에서 실현가능성이 낮아질 수 있다.

둘째, 죽음의 계곡이다. 이 단계는 연구개발 후 기술이 시제품이 되어 시장에 진출해 가는 시기다. 만약 이 기술개발제품으로 창업을 한 스타트업 기업이라면 창업 후 3년 정도의 기간에 해당한다. 연구개발과정에서 기술적인 능력과 혁신적인 아이디어로 시제품을 만들더라도 사업화역량의 부족으로 실패하기 쉬운 단계다. 죽음의 계곡(Death Valley)은 미국 캘리포니아의 모하비사막으로 생명체를 거의 찾아볼 수 없는 황량한 곳을 일컫는 말인데, 미국에서 가장 무덥고 건조해 사람이 살기 힘든 지역으로 초기 개척민들이 이 지역을 넘지 못해 실패한 것처럼 기술사업화를 시도하는 벤처기업의 사업성공이 험난함을 표현해주고 있다. 대부분 마케팅전략의 부재 또는 실패로 인한 판로개척의 어려움 그리고 경영에 필요한 전반적인 요소, 즉 생산, 재무 등의 관리 부족이다.

셋째, 다윈의 바다다. 기술이 제품화되어 시장진출을 했다면 이제 서비스라는 플랫폼을 타고 본격적인 매출증대로 수익을 창출해 가는 대량생산이 이어지는 시기를 말한다. 악어와 해파리 떼가 가득해 일반인 접근이 어려운 호주 북부 해변을 일컫는 다윈의 바다(Darwinian sea)에 이 시기를 비유한 말이다. 죽음의 계곡을 지나와 신제품 양산에 성공하더라도 시장에서 다른 제품과 경쟁하며 매출을 올리고 수익을 내는 것이 얼마나 어려운가를 나타내주는 표현이다. 벤처창업한 스타트업에 있어 보통 창업 후 3~7년 정도의 기간에 해당되며, 이른바 스케일 업(Scale up)단계라고도 한다.

이는 이미 알려진 제품의 수명주기(PLC: Product Life Cycle) 이론, 즉 도입기 → 성장기 → 성숙기 → 쇠퇴기의 사이클에 비추어보면, 제품의 도입기까지가 악마의 강을 건너는 단계, 도입기에서 성장기까지가 죽음의 계곡, 그리고, 성장기에서 성숙기로 넘어가는 시기가 다윈의 바다다. 즉, 기술이 시장에서 상품화되어 대량생산이 이뤄지는 단계까지의 과정이다.

그러나 이렇게 험난한 악마의 강과 죽음의 계곡, 그리고 다윈의 바다 같은 장벽을 기술이 넘지 못하면, 사업화에 성공할 수 없고, 흔적도 없이 사라지거나, 많은 상처를 남겨 좌절하고 도산하며 원상복귀도 힘든 뼈아픈 현실을 마주하게 될 수도 있다. 그러므로 이러한 장애물을 극복하고 기술사업화에 성공하려면 각 단계별 전략적 마케팅을 수립해야 하는데, 이를 위해 먼저 마케팅에 대한 개념을 간략히 정리해 볼 필요가 있겠다.

마케팅(marketing)이라는 말은 시장에서의 현재진행형(market+ing), 즉 시장에서 이뤄지는 활동이라 할 수 있다. 다시 말하면 기업이 생산한 물건을 시장에 유통하고, 소비자는 구매를 통해 그 상품을 얻는 과정에서 일어나는 모든 활동을 말한다. 그러므로 생산한 물건을 판매하기 위해서는 소비자들이 원하는 것, 필요로 하는 것, 좋아하고 바라는 것을 얻게 해주는 것이 생산자인 기업이 마땅히 해야 할 마케팅활동이다. 그리고 이를 생산과 제품, 판매 그리고 고객중심 개념으로 관점을 좀 더 나누어 살펴보면 다음과 같다.

먼저, 생산 개념(Production Concept)에서 보면 소비자들은 싸고 질 좋은 제품을 선호한다고 보고, 수요와 공급에 맞춰 공급이 많아지는 경우 생산원가를 낮춰야 한다. 이때 유통망확보가 매우 중요하다. 제품 개념(Product Concept)에서 보면 소비자는 최고의 품질과 성능을 선호한다는 관점으로, 기술이 우수한 혁신적 제품의 연구개발에만 집중하게 되어 자칫 기술은 우수하나 외면당하는 제품이 되기도 한다. 또 판매 개념(Selling Concept)으로 보면 지나친 영업 및 판촉활동에 치우치는 것으로 기업이 상품의 판매에만 일방적으로 집중하게 되는 것은 고객이 능동적으로 제품을 구매하지 않는다고 믿게 되는 마케팅활동이라고 보기 때문일 가능성이 높다. 고객중심 마케팅 개념(Marketing Concept)은 고객입장에서 생각하는 마케팅 관리를 하는 것으로써 판매와 함께 고객의 문제를 해결하고, 고객에게 만족을 주는 것을 목표로 한다.

위와 같이 기업의 마케팅활동은 그 관점에 따라 전략이 달라지는데, 최소한 포함되어야 할 가장 기본적인 요소들을 정리하자면 다음과 같다.

(1) 마케팅 4P & MIX전략: 전통적이고 가장 기본적인 마케팅에 포함되어야 할 4가지 요소

① Product(제품): 소비(또는 구매)자들이 필요로 하고 원하는 제품(소비재 또는 생산재)

② Price(가격): 소비(또는 구매)자들이 구매하기에 적정하고 합리적인 가격

③ Place(장소): 소비(또는 구매)자들이 접근하기 쉽고 이용하기 쉬운 유통경로

④ Promotion(촉진): 기업이 판매 전/후 광고/PR/이벤트를 통한 촉진활동

(2) 마케팅 4C전략: 고객중심 마케팅활동의 관점에서 반드시 고려할 사항, 진화된 마케팅

① Customer value(고객): 제품이나 서비스가 고객의 문제를 해결함으로써 이익과 혜택을 주는 가치창출

② Cost to customer(비용): 구매비용뿐만 아니라 사용 및 사용 후 처분비용까지 포함한 총비용

③ Convenience(편의성): 제품이나 서비스에 대한 고객의 접근과정이나 사용에 대한 편리성

④ Communications(의사소통): 기업의 일방적인 촉진활동보다는 고객과의 쌍방향 의사소통

(3) STP전략: 시장변화에 따른 마케팅전략 수립과정에서 가장 기초단계

① Segmentation(시장세분화): 시장조사와 시장세분화 단계로 대략적인 소비자(고객)층을 파악

② Targeting(표적시장 선정): 기업의 역량을 어느 곳에 집중할지, 제품(또는 서비스)이 진출할 목표시장 선정

③ Positioning(위상 정립): 제품(또는 서비스) 및 기업의 위상정립, 고객에게 어필하고 인식시킬 방법

이러한 마케팅의 개념을 바탕으로, 연구개발을 통해 만들어진 혁신적 기술제품이 위협적인 환경 속에서도 자생력과 면역력으로 적응력을 키워 생존할 수 있도록 각 단계별로 마케팅전략을 어떻게 수립하고 실행해 가야 하는지 지금부터 알아보자.

1) 악마의 강을 건너기 위한 전략적 마케팅

"기업의 시즈(seeds)와 고객의 니즈(needs)가 만날 수 있는 기술을 연구개발하라."

연구개발단계를 넘어 사업화가 목적이라면 무엇보다도 가장 우선시할 것은 시장에서 고객이 원하고 필요로 하는 제품개발이다. 특히 고객이 현재 가지고 있거나 가까운 미래에 고객에게 발생할 수 있는 예측 가능한 문제를 어떻게 해결할지, 그 해결이 고객에게 어떤 이익과 혜택을 줄 수 있는지에 대한 깊은 고민으로부터 시작된 연구와 개발이어야 한다. 기업의 시즈란 기업성장에서 작더라도 핵심자원인 씨앗 같은 기술이다. 이를 기반으로 한 연구개발의 결과가 시장의 고객이 가진 어떤 니즈를 충족시켜줄 것인지를 정의하는 것이 맨 처음 해야 할 준비작업이다.

여기에서 범하기 쉬운 몇 가지 오류들이 있다. 흔히 기술개발자들을 '외골수'나 '벽창호'라고 부르며 고지식한 사람으로 여긴다. 이는 그들이 가진 기술력을 문제삼는 것이 아니라, 그 기술력이 자신의 독자적인 이론적 틀에만 갇혀 있어, 세상이 필요로 하고 시장에서 원하는 방향으로 원활히 소통하지 않음을 비판적으로 말하는 것이다. 물론 실험실에서나 연구실에서는 충분히 그럴 수도 있고, 그래야만 하는 상황도 있다. 그러나 그 기술이 제품에 탑재되어 연구실 문을 열고 세상에 나와 고객을 만나게 될 때를 생각한다면 아예 처음 개발단계에서부터 고객지향적이고 고객중심적인 사고방식을 가지고 있어야 성공가능성이 높다. 그렇지 않으면 시작부터 사업화방향을 잘못 설정했을 수도 있다.

기술의 속성이 지니는 가치 중의 하나는 비록 그 기술을 이해하지 못해도 그 기술이 들어간 제품이나 서비스를 사용할 수 있다는 것이다. 고난이도 기술, 이른바 하이테크(High Tech)도 고객의 문제를 해결하면서 쉽고 편리하게 활용할 수 있게 만들어야 시장성이 커지게 된다. 그러므로 아이디어를 사업아이템으로 이어가기 위해서는 기술의 구현이 어느 정도 가능한지에 대해 구체적인 탐색, 그리고 잠재고객의 니즈를 만족시킬 가능성이 있는지에 대한 기초사업계획서를 미리 작성해보는 것이 필요하다.

2) 죽음의 계곡을 지나기 위한 전략적 마케팅

"시즈와 니즈를 결합한 콘셉트(Concept)를 명확하게 구현해 혁신

제품을 만들어라."

    여기에서 콘셉트란 제품이 가지는 독특함으로 타사의 제품과 확실히 구별되는 차별화 포인트로서 가장 중요한 경쟁요소가 된다. 즉, 신제품 개발은 기업의 기술과 고객의 욕구를 연결시켜주는 매개체가 되는 경계면으로서 존재하게 되므로 기업은 고객을 만나는 시장에서 살아남을 만한 생명력을 가지는 제품을 만들어야 한다. 이러한 전략적 발상의 근간은 기존에 존재하지 않았던 아주 새로운 것이거나 또는 이미 존재하고 있었던 것을 변형시켜 새롭게 만드는 것, 즉 혁신을 통한 새로움(Newness)으로 고객에게 어필할 수 있어야 한다. 이때는 기존의 제품에 대해 고객이 가지고 있던 인식이나 불편함을 제거하거나 감소시킬 수 있는 치열한 기술 혁신이 차별화된 경쟁력이다. 또한 고객은 기술의 진보보다는 제품의 독특함과 새로움으로부터 얻어질 가치를 기준으로 판단할 것이며, 좋은 제품도 싸게 구매하기를 원한다는 것을 잊지 말고, 가격경쟁력을 갖기 위해서 원가절감을 염두에 둔 제품개발이어야 한다.

3) 다윈의 바다로 나아가기 위한 전략적 마케팅

"기업과 제품의 가치를 고객에게 소구하기 위해 통합적으로 커뮤니케이션을 전개하라."

이 단계에서는 일반적인 마케팅전략에서도 강조되고 있는 바와 같이 고객에게 기업과 제품의 위상을 정립하기 위한 포지셔닝(Positioning)전략으로 촉진(Promotion)적인 의사소통(Communications)을 적극적으로 실행해야 한다. 이때 판매 전/후 광고/PR/이벤트 등을 일방적으로 기업이 펼쳐가는 촉진활동보다는 고객과의 쌍방향 의사소통으로 고객에게 소구할 방법을 강구해야 한다. 특히 고객이 이해할 수 있는 언어와 고객이 좋아하는 감각적 요소로 고객의 니즈를 충족시킬 수 있어야 효과와 효율을 증대시킬 수 있다.

이를 위해서는 통합마케팅커뮤니케이션(IMC: Integrated Marketing Communication)개념이 요구된다. 그리고 IMC의 궁극적인 목적은 고객과의 관계구축으로 브랜드인지도와 선호도를 유도하고 증대시킴으로써 구매의도를 촉진시키고 구매행동이 일어나게 하는 것이다. 또한 재구매와 반복구매는 물론 추가적인 신규고객 추천으로 이어지는 매출증대를 위한 마케팅전략이다. 온·오프라인에서의 다각적인 광고, DM(Direct Marketing: 직접마케팅), 판매촉진을 위한 활동, PR(Public Relations: 홍보) 등 다양한 커뮤니케이션 수단을 통합해 비교하고 검토하여 최대의 커뮤니케이션 효과를 거둘 수 있도록 하는 총괄적인 마케팅 시스템인 것이다. 갈수록 광고채널과 방법에 대한 다양성이 증가되고, 판매촉진활동의 중요성이 커지고 있으며, 고객과 매체시장이 세분화/다양화되면서 IMC의 중요성이 증대되어 가고 있다.

기업이 아이디어구체화로 연구개발한 기술을 제품으로 만들고, 고객을 만나 상품이 되어 팔린다는 것은 공급자와 수요자의 목적이 비로소 한 점에서 만나는 순간이다. 즉 기업의 기술이 고객의 가치를 창조하는 접점이 시장이다. 그러므로 서로 다른 방향에서 출발해 그 접점에서 만나려면 결국 추구하는 바가 같아야 한다. 다시 말해 기술의 시즈와 고객의 니즈를 어떻게 만나게 할 것인가에 대해 그 시작단계부터 끊임없이 방법을 찾아가야 한다. 우수한 기술일지라도 제품으로 탄생되기까지는 보이지 않는 악마의 강을 건너야 하고, 혁신적인 제품이라고 해도 고객을 만나는 사업화에 이르기까지는 죽음의 계곡을 지나가야 하며, 더 많은 고객을 만나서 산업화에 성공하기까지는 다윈의 바다를 헤치고 나아가야만 지속적인 생존과 성장을 기대할 수 있는 궤도에 오를 수 있다. 그리고 그 과정 속에서 생명력을 잃지 않고 살아남기 위해서는 멀고도 험난한 고비를 통과하기 위한 단계별 전략적 마케팅이 필요하다.

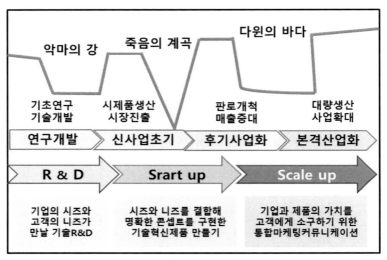

[그림 1-2] 기술사업화 성공을 위한 단계별 전략적 마케팅

지식재산기반 사업화전략으로
기업의 경쟁력을 강화하라

　'기업은 무엇으로 먹고사는가?' 또는 '기업생태계에서 튼튼한 뿌리를 내리기 위한 기업의 핵심경쟁력은 무엇인가?'라는 물음에 어떻게 답하겠는가? 메마른 사막, 정글 같은 경영환경의 생존위기에서 살아남기 위한 기업의 핵심무기, 혁신성장을 위한 경쟁력은 어디에서 나오는 것일까? 성공하는 기업의 자산에는 어떤 특징이 있는지를 살펴보면 그들이 가진 공통점 중 하나가 바로 다른 기업과 차별화된 지식재산권으로 무장했다는 것이다.

　돌이켜보면 기업의 생존과 성장을 위한 환경이 그리 호락호락하며 만만했던 적이 별로 없었고, 언제나 살얼음판을 걷는 듯했으며

도처에 위험이 도사리고 있었던 것도 사실이다. 그럼에도 불구하고 기업은 새로운 탄생과 성장, 변화 또는 사멸을 거듭해오고 있으며, 지금 이 순간에도 끊임없이 태동의 움직임과 함께 반대로 퇴로를 걸어가는 기업도 있다.

그런가 하면 빠른 기간 동안 세계가 놀랄 만큼 이례적으로 급성장을 이뤄 온 우리의 경제기반과 기업경영의 프레임은 그 성과와 긍정적 측면만큼이나 미처 해결하지 못하고 누적되어 온 문제들과 부정적 측면들이 이제 다양한 사회문제들과 뒤섞이면서 여기저기서 드러나는 복잡한 갈등요소가 되어 부메랑처럼 다시 경제와 경영환경을 불안하게 만들고 있다. 거기에 갈수록 예측불허의 변화를 거듭하는 안보와 정치의 영향을 받는 국제무역을 둘러싼 세계경제의 흐름은 기업의 통상적이고 정상적인 경영활동에 커다란 위협요소로 작용하고 있다.

더구나 우리가 현재 경제적, 사회적으로 겪는 가장 큰 위기 중 하나라고 할 수 있는 코로나19 팬데믹 상황은 국내외의 거의 모든 기업생태계에 급격한 충격을 주고 있고, 가늠하기조차 어려운 사회적 변화를 초래하고 있다. 경제전문가들은 마치 흑사병으로 인해 중세시대 경제 환경과 질서가 무너지고 자본주의가 시작되는 변곡

점이 되었듯이 코로나19로 인해 완전히 새로운 경제상황이 전개되는 뉴노멀 시대가 시작될 것이며, 2021년이 그 원년이 될 것이라고까지 전망하고 있다.

따라서 물론 이전에도 그래 왔지만, 이 예상치 못한 충격적인 상황 앞에서 창업을 준비하고 있거나 이제 막 시작한 스타트업 기업은 미처 뿌리를 내리지도 못할 위기에 처해 있기도 하고, 겨우겨우 생명은 얻었으나 이내 사라질 상황에 맞닥뜨리기도 하며, 이제 막 한 단계 성장할 도약의 시기를 준비하며 전력질주해 온 기업들은 갑자기 두 발을 멈춰 설 수밖에 없게 되기도 했다. 어디 그뿐인가? 오랜 기간 지속적인 경영활동을 해 온 중소기업이나 탄탄한 중견기업들까지도 예상치 못한 커다란 장벽을 만나 거친 숨을 몰아쉬며 힘겨운 상황에 처하거나 온 힘을 다해 버티는 중이기도 하다. 기업의 창업과 경영환경이 사상초유의 위기에 직면해 있다고 해도 과언이 아니다. 이 험난한 상황을 극복하고 새로운 성장을 기대하려면 스타트업은 물론, 어느 기업이든 차별화된 경쟁력을 갖추고 지속가능한 사업화전략으로 비즈니스모델을 수립해야만 한다.

이에 본 항목에서는 기업의 차별화된 경쟁력을 갖추는 데에 가장 확실한 전략의 하나로 지식재산을 기반으로 한 사업화전략 수립과 그에 적합한 비즈니스모델 개발을 강력히 권장하려고 한다. 기업생태계에서 생존과 성장을 위한 건강한 유전자, 즉 적자생존(適者生存)이 가능한 기업의 확실한 '시즈(Seeds)'는 바로 지식재산이라는 것이다. 여기서 지식재산은 지식재산권(Intellectual Property) 즉, 발명·상표·디자인 등의 산업재산권과 문학·음악·미술작품 등에 관한 저작권의 총칭으로 지적재산권, 지적소유권이라고도 하는데, 인간의 지적창작물을 보호하는 무형의 재산권을 일컫는다. 산업재산권은 특허청의 심사를 거쳐 등록하여야만 보호되고, 저작권은 출판과 동시에 보호되며, 보호기간은 산업재산권이 10~20년 정도이고, 저작권은 저작자의 사후 70년까지 보장되므로 기업의 혁신적인 체질개선과 끈질긴 생명력을 위해 가장 필수적인 자산이 될 수 있다.

알다시피 특허(特許, patent)는 일정기간 발명자에게 독점적 권리를 주는 제도로서 발명자의 권익을 보호하여 새로운 산업지식발명을 장려하는 것과 동시에 특허기술에 대한 정보를 공개함으로써 관련 산업 기술 분야의 발전을 촉진한다. 그러기 위해 발명의 성립, 산업 적용 가능성, 진보성, 그리고 신규성이라는 기본요건을 충족시켜야만 한다. 즉, 자연법칙을 이용해 고도화한 것, 산업에서 이용이 가능한 것, 쉽게 생각하기 어려운 진보성, 그리고 기존에 없던 새로운 것이라는 전제가 갖춰져야 한다.

다시 말해 특허제도는 근대국가 이후 기술개발과 산업발달을 위해 국가가 기술의 진보발전을 도모하고 발명을 장려하고 보호함으로써 국가산업의 발전에 기여하려는 데 목적을 두고 실시되어 왔으며, 때문에 기술기반 사업화전략이나 비즈니스모델을 개발하려 한다면 특허제도와 관련된 지식재산권을 확보하고 이를 기반으로 사업역량을 키워나가는 것이 필수요건이다.

특히 이미 4차 산업혁명시대에 진입해 있는 경영환경 속에서 기업이 미래의 생존과 성장을 위한 전략을 설계하고자 한다면 사업의 방향이나 목표달성에 발맞춘 연구개발로 독자적인 제품과 서비스의 개발을 통한 지식재산기반 전략이 필수적이라고 하겠다. 그렇다면 기업의 경영활동에 가장 강력한 도구가 될 수 있는 지식재산의 의미를 좀 더 구체적으로 정리해보자.

첫째, 지식재산은 우선 기술적 미래가치를 정량적으로 보여주는 도구로서 가치가 있다. 기업은 자사의 그 기술적인 가치와 미래를 향한 비전에 대해 객관적으로 설명해줄 수 있어야 한다. 그것을 기업의 제품과 서비스를 구매하는 외부고객은 물론 기업 투자자에게, 그리고 내부고객인 직원들에게 끊임없이 얘기할 수 있어야 하며, 따라서 기업이 보유한 지식재산권은 기업가치를 증명할 수 있는 가장 효과적인 도구로 작용해 성장을 위한 확실한 발판이 될 수 있다.

둘째, 전략적 마케팅을 위한 핵심도구로 활용할 수 있다. 오히려 기업이 보유한 지식재산을 개방함으로써 많은 주목을 받을 수 있으며, 기업의 신뢰를 높여줄 수 있는 강력한 마케팅도구가 될 수 있다. 예를 들면 애플이 스마트폰 관련 특허를, 테슬라가 전기차 관련 특허를 미리 개방함으로써 기업브랜드가치를 상승시키고, 시장을 선도하는 효과를 얻는 것은 공격적 마케팅전략으로 더 큰 시장을 형성해 가기 위한 큰 그림으로 보아야겠다.

셋째, 만약 사업이 실패한다고 하더라도 기업이 보유한 지식재산은 사업정리를 위한 출구전략에 큰 힘이 될 수 있다. 이미 많은 기업들이 기술가치 평가를 통해 이를 필요로 하는 기업에게 매각하는 방식으로 지식재산을 자금화해 부채상환을 하거나 새로운 사업을 위한 자본금으로 활용하고 있다. 즉, 기업이 보유한 지식재산은 가장 안전하고 확실한 고유자산으로서의 재무적 기능을 할 수 있다. 그런가 하면 지식재산을 그대로 보유한 채, 그 자체의 수익을 올릴 수도 있다. 바로 라이선싱을 통한 지속적인 수익창출이 그것이며, 매출에 대한 마진율은 기업이 직접 생산을 하지 않고도 지속적인 수익모델이 된다.

넷째, 많은 스타트업이나 중소기업들이 사업화과정에서 겪는 실수가 바로 지식재산권을 획득하지 않고 사업을 키웠다가 추후에 핵심적인 지식재산을 도용당하거나 무방비상태로 빼앗기는 리스크에 노출되는 것이다. 지식재산권을 확보했음에도 불구하고 법률적 허점을 파고들어 교묘하게 이용하는 경우는 그렇다 치더라도 아예 지식재산권을 획득해놓지 않았다면 눈앞에서 사라지는 기업의 핵심자산을 손 한번 써보지 못하고 그대로 놓치거나 심지어 타사가 먼저 등록한 지식재산권을 불법으로 사용했다는 이유로 금전적 보상까지 해야 하는 어처구니없는 상황도 종종 회자되곤 한다. 바로 '선출원주의'라는 법적권한을 행사하는 경우다.

'선출원주의'는 하나의 동일한 발명에 대하여 복수의 출원이 있을 경우 그 발명을 한 시점의 선후를 문제삼지 않고 출원한 시점의 선후만을 비교하여 먼저 특허출원을 한 자에게 특허권을 부여하는 제도로서 기술특허는 물론 상표나 디자인특허에도 동일하게 적용된다. 이는 새로운 발명에 대하여 출원을 빨리 하도록 유인함으로써 발명이 사회에 조속히 공개되도록 하여 기술발전을 촉진할 수 있으며, 선·후 출원관계의 판단이 용이하다는 것이 장점이지만, 단점으로는 진정한 최초의 발명자를 보호하는 데 소홀한 점이 있고, 선출원의 지위를 확보하기 위하여 출원을 서두르게 되는 과정에서 기술적 결함이나 미완성의 발명이 출원되는 경우도 많다. 하지만 지식재산권으로 법률적 인정을 받지 못해 생기는 피해사례가 더 큰 문제이다. 특히 법률적 이슈가 발생했을 때 이에 대한 대응이 취약할 수밖에 없는 스타트업이나 중소기업에서는 이를 간과하거나 또는 방심한 채로 안이하게 대처하거나 추후로 미루어서는 안 된다. 작고 사소하게 여겨지더라도 기업의 소중한 고유자산을 지키고 키워나가기 위해서 법률적으로 권리를 보호받을 수 있는 시기를 놓치지 말아야 한다는 것이며, 당장은 필요하지 않게 여겨지더라도 만일을 대비해야 한다.

그러면 이러한 기업의 지식재산으로 사업화과정에서 어떻게 경쟁력을 강화시켜 가고 효율적인 비즈니스모델을 만들어 가야 하는지, 즉 기업의 지식재산권 활용전략에 대해 알아보자.

첫째, 지식재산권 획득에 대한 스케줄 설정이다. 사업진행에 따라 지식재산권 출원 시점을 효과적으로 설계해야 하는데, 그 이유는 특허출원을 신청한 후 심사기간이 최소 1년 이상이거나 대부분 더 많은 시간이 소요되기 때문이다. 따라서 사업을 진행하고자 하는 전체적인 계획에 차질이 빚어지지 않도록 지식재산권 확보시기를 미리 예측해 출원신청을 해둬야 한다.

둘째, 사업의 방향성과 사업목표에 필요한 지식재산권을 획득하려는 노력이 필요하다. 즉, 기업이 보유한 여러 가지 발명기술이나 고유아이디어를 모두 지식재산권화하려 한다면, 한정된 기업의 자원을 낭비하게 될 뿐만 아니라, 정작 해당 사업목표를 달성하기 위한 과정에 필요한 권리를 확보하지 못하거나 굳이 우선순위에 들지 않는 권리를 확보하는 데에 시간과 비용을 쏟아붓는 결과를 초래할 수도 있다. 그러므로 기업의 사업흐름과 연계성이 있는 지식재산권을 우선 획득하려는 포트폴리오를 구성하고, 사업과정에서 장기적으로 활용할 수 있으며 변화가능성이 낮은 핵심적이고 본질적인 기술기반 특허출원을 계획하는 것이 좋다.

셋째, 지식재산권에 대한 소유권을 명확히 해야 한다. 특히 스타트업은 사업 준비단계나 초기에는 조직이 잘 갖춰져 있지 않고 팀 중심으로 미션을 수행하기 때문에 명확한 역할분담이나 직무권한 등에 대한 계약이 없는 경우가 많다. 그러다보면 특허출원 후 발명

소유권에 대해 갈등이 발생할 가능성이 높다. 그러므로 사전에 이러한 이슈를 예방하기 위한 조치가 필요하다. 예를 들면 정식 사업자등록 이전, 즉 법인설립을 하기 전인 예비창업 단계에서의 발명이라면 그 발명의 완성에 기여한 구성원이 특허를 받을 수 있는 권리를 소유하고 있으므로 법인과 공동명의의 특허출원을, 그리고 법인설립 후에 완성된 발명이라면 출원인을 법인으로 기재하되 발명자는 해당 발명인을 고안한 구성원 명의로 기재하는 것이 옳다. 이후 법인은 특허법적인 과정을 통해 발명인으로부터 정당하게 승계받아야 한다.

넷째, 특허출원은 선행기술, 즉 기존 특허기술 대비 진보성과 신규성을 증명하고 이에 대한 차별화를 통해 새로운 특허를 획득하는 것으로 볼 때, 선행기술을 조사하고 활용하는 역량이 매우 중요하다. 더구나 신속한 사업진행이 필수적인 스타트업은 기존 선행기술조사를 기본적으로 진행하는 것이 필수인데, 이는 그것을 그대로 특허출원의 기준으로 삼는다기보다는 기존 기술과 자사 기술의 차이점을 중심으로 특허출원명세서를 명확히 작성하기 위해서다. 누구나 어렵지 않게 생각해낼 수 있다거나, 이미 기존에 존재하는 것들이라면 출원가능성이 낮으며, 성공가능성을 높이기 위해서는 어떤 요소를 가감했거나 변화시켰다는 확실한 근거와 이유가 나타나 있어야 하며, 더 나아진 기술, 더 새로워진 기술임이 입증되어야 한다.

다섯째, 특허출원 성공가능성을 높이기 위해서는 전문적이고 섬세한 출원전략이 요구된다. 즉, 아무리 우수한 기술이나 아이디어라도 특허까지 잘 이어지려면 특허요건을 갖추고 단계적인 절차를 밟는 전문성이 필요하다. 이러한 부분을 소홀히 여기고, 전문적인 지식이 없는 상태에서 독단적으로 준비하다가 사업진행단계에서 특허출원 장벽에 부딪혀 전체적인 사업전략에 차질을 빚는 경우도 종종 있다. 그런 낭패를 만나지 않기 위해, 출원 준비단계에서부터 신뢰할 만한 변리전문가와 상의하고 선행기술조사와 명세서 작성 등을 차례차례 진행하는 것이 바람직하다. 특히 스타트업이나 처음으로 지식재산을 획득하려는 기업이라면 기술만능주의보다는 강한 특허를 얻고, 유리한 특허 관련제도를 적절한 시기에 효과적으로 활용하기 위해 전문가와 지속적인 의견교환과 소통을 통해 함께 전략적으로 대응해 나가야 한다.

이처럼 지식재산을 기반으로 사업화한다면 투자유치나 지원금확보에 유리한 고지를 선점할 가능성이 높아지며, 이를 바탕으로 시장진출이나 매출증대를 위한 비즈니스개발도 성공적인 모델이 될

수 있다. 특히 정부지원이나 다양한 엑셀러레이팅 프로그램, 벤처
투자 등은 기업이 어떠한 비즈니스모델을 제시하는가, 그리고 그
비즈니스모델에서 기술성이 얼마나 유효한가, 또 앞으로 기대되는
경제성측면에서 얼마나 수익성이 있는가를 보고 판단하므로 스타
트업의 경우 지식재산을 보유하고 있다는 것은 든든한 배경이 된
다. 한 예로 미국의 투자자 중 67%가 스타트업의 지식재산을 보고
투자여부를 결정한다는 통계도 있다.

   이에 따라 지식재산을 기반으로 사업화전략을 수립 중이거나 새
로운 비즈니스모델을 개발하고자 할 때 그 전략을 단계별 포트폴
리오로 정리해보면 다음과 같다.

연구기획	탐색연구	연구개발	상품개발	기술시작
기술개발 방향설정	개발과제의 명확화 및 목표	독자기술개발 특허보증활동	강한 특허화 문제특허 해결	특허(기술)평가 및 제품 적용

특허 선행조사분석 / 특허맵작성	특허 개발	특허 확보

[그림 1-3] 지식재산기반 사업화전략 포트폴리오

기업은 다양한 지식재산권 이슈에 직면하게 된다. 즉, 아이디어를 구체화시켜 연구개발을 통해 제품이나 서비스로 시장에 진출하면서 그에 대한 지식재산권을 확보하고자 하지만, 그 종류와 특성에 따라 보호받을 수 있는 권리가 달라질 수 있다. 예를 들면 기술적 난이도에 따라 강한 특허와 그보다 낮은 단계의 실용신안, 기술적 난이도보다는 브랜드보호를 위한 상표권, 기술적 특징보다는 독특한 디자인의 권리를 주장할 수 있는 디자인권, 고유창작물로서의 권한을 인정받는 저작권 등, 우선순위에 따라 권리를 확보하거나 필요 시 중복으로 동시에 여러 지식재산권을 취득하고 이를 유지관리하면서 그 권리를 보장받을 수 있다.

이제 거의 모든 산업분야에서 기업이 보유한 무형자산, 즉 지식재산을 높이 평가하고 그것이 곧 기업 전체의 가치 평가 기준이 되기도 한다. 이는 혁신기술 분야에서는 말할 것도 없고, 갈수록 경쟁이 심화되고 있는 대부분의 일반 산업분야에 이르기까지 기업의 차별화된 기술력과 독특한 브랜드자산을 상품가치로 인정하고 있다는 것이다. 뿐만 아니라 지식재산에 대한 법적분쟁도 증가하고 있다. 그러므로 기업은 작은 아이디어 하나라도 기업의 지식재산권리로서 거대한 상업적 가치를 만들어낼 수 있는 핵심자산으로 보호해야 한다는 것을 염두에 둘 필요가 있으며, 이를 전략적으로 기획하고 연구개발하여 기술가치와 시장가치를 창출해 나가는 사업화전략을 수립해야 한다. 이렇게 차별화된 비즈니스모델을 개발한다면 기업경쟁력 강화와 사업성공에 커다란 반석이 된다고 하겠다.

제2장

성장가능한 기업

고객의 감정을 읽고, 고객의 마음을 얻으면 성공이 보인다

"지금 창업하려고 하는가?", 또는 "사업을 좀 더 확장시켜 한 단계 성장하고 싶은가?", 아니면 "창업 후 경영상황이 어려운가?", "혹시 사업이 원활하지 않은 어려운 고비에 맞닥뜨려 있거나 아예 폐업위기에 놓여 있지는 않는가?"

만약 위 사항 중 하나라도 해당된다면 간과해서는 안 될 중요한 부분이 있다. 지금 들여다보아라! 고객의 감성을 자극할 그 무엇, 고객의 감정을 행복하게 만들 만한 그 무엇이 어디에 얼마나 있는지 찾아보아야 한다. 그리고 그것이 제품이든, 절차든, 서비스든 또 그 외의 무엇이든지 확실히 차별화된 것이 있다면 어서 그것을 고객에게 적극적으로 알리도록 하라! 그래서 고객이 그것에 가능한 많이 접촉하고, 선택하며 사용하는 과정에서 그러한 고객의 경험이 자신의 감정을 움직이게 하라!

만약 그렇지 못한다면, 당신 기업의 하드 요소나 소프트 요소, 휴먼 요소, 그 어떤 것도 고객을 감성적으로 만족시키지 못한다면 그는 당신의 고객이 될 가능성이 매우 낮거나 언제든 쉽게 떠나갈 것이다. 또 불행하게도 불만족한 경험이라도 가지게 된다면 이는 순식간에 당신의 기업에 위협요인이 될 수도 있다.

그렇다. 창업 후 창업생태계에서 살아남고 싶다면, 안정적인 기업으로 성공하기를 원한다면, 지금부터 그 무엇보다도 먼저 고객의 감정을 어루만져라! 고객과 다양한 방법으로 소통하면서 고객의 감정을 읽고 그들의 마음을 얻기 위해 모든 노력을 다하라. 그들이 원하는 것이 무엇이며, 무엇을 필요로 하며, 무엇에 만족하고, 무엇에 감동하겠는가? 또 무엇을 싫어하고, 무엇에 실망하며 무엇에 분노하는지 접점별로 섬세하게 파악해야 한다.

그러기 위해서는 기업의 시각에서 바라보고 기업의 입장에서 판단하기보다는 고객의 눈으로 바라보고, 고객의 마음으로 느껴보고, 고객의 입장으로 돌아가 생각하는 것이 우선이다. 그래야만 성장을 위해 기업이 나아갈 길이 보이고, 그에 대한 해답이 나온다. 당신의 고객을 먼저 웃게 해야 당신도 비로소 웃게 될 것이다. 다시 말해 그렇게 되었을 때 고객도 당신도 함께 행복해지는 것이고, 함께 성공하게 될 것이다.

지금의 경영환경은 업종이나 분야를 막론하고 두말할 것도 없이 악화될 대로 악화되어 있다. 공장을 지어서 물건만 만들면 팔리던 시대, 가게 문만 열어놓으면 손님이 줄을 잇던 시대는 갔다. 기술의 우수성을 저절로 알아주는 독과점 시대는 옛말이고, 품질만 좋으면 서비스는 따지지 않는다는 말은 이제 과거의 회상 속에서나 찾아볼 수 있게 되었다. 우수한 제품을 개발하고도 시장성이 없다는 이유로 양산단계로 이어지지 못하는 경우가 대부분이고, 제품을 만들어도 시장진입을 못 하고 재고창고에 쌓여 있기 일쑤다. 안타깝기 그지없다.

그러다보니 한편으로는 산업단지조성이나 분양업체만 호황을 누리고, 부동산중개업이나 인테리어업체가 날로 증가한다는 것을 언뜻 들으면 마치 경기가 살아나고 활성화되는 듯 착각할 수도 있지만, 현실은 녹록치 않다. 새 공장에서 기계가 돌아가고, 점포가 들어서서 문을 열었는가 하면 이내 생산이 중단된 업체나 폐점한 점포가 셀 수 없을 정도로 많아 폐업률도 높다. 심지어 호황이던 업종마저도 이제는 공급과잉과 경기불황의 악순환으로 다 같이 어려워졌다. 어디 한군데 마음 놓이는 곳이 쉽게 보이질 않는다. 여기저기서 울상 짓고, 숨넘어가는 소리만 가득할 뿐, 속 시원히 잘되어가는 곳을 만나기 어렵다. 요란하게 돌아가는 기계소리가 끊이지 않던 산업단지의 공장에 하나둘 불이 꺼지고 어두컴컴해지는가 하면, 겉으로 화려해 보이면서 잘나갈 것 같던 기업이나 부러움을 샀던 점포도 어느 날 갑자기 사라져가거나 문이 닫혀 있다. 속으로 병들어 있었던 것일까? 과욕이 화를 부른 것일까? 어디에서부터 문제가 시작된 것일까? 언제부터 변화에 적응하지 못한 것일까? 혹시 나태해져 있었거나 자만했던 것은 아닐까?

그런데 그런 어려운 경영환경 속에서도 튼튼하게 뿌리를 내리고 안정적으로 성장해 가는 기업도 많다. 물론 쉽게 찾을 수는 없고 그리 많지는 않지만, 좀 더 넓게, 좀 더 자세히 들여다보면 오히려 이 어려운 환경 속에서도 새로운 전략을 수립하고 이를 실행에 옮기면서 성공해 가고 있는 기업들을 찾을 수 있다. 이런 기업들은 속속들이 알짜배기, 즉 작지만 강한 창업기업들이나 오랜 기업경영의 경험에서 얻은 노하우들을 축적해 오며 지속적인 혁신을 거듭하여 정글 숲 같은 창업과 경영환경 속에서도 꿋꿋하게 소신을 지키고 있는 것이다. 화려하지 않지만 탄탄한 판로를 닦아 시장진입에 성공해 고객을 창출하며 매출을 올리고 수익을 만들어 가는 성공사례들도 상당히 많다는 것이다.

그런데 그런 강소기업이나 중견기업들에게는 공통적인 특성들이 있음을 발견할 수 있다. 업종이나 분야가 다르고, 따라서 상품이나 고객도 다르며, 지역도 다르지만, 성공하는 기업들에게서 나타나는 공통적인 요인이 있다. 오히려 단순하고 매우 유사하다는 것에 놀라지 않을 수 없다. 그것은 바로 그들의 경영철학이 기업중심이 아닌 고객중심, 그리고 변화하는 고객의 감정을 빠르게 읽고 대처하며 관리해 나간다는 점이다. 이것은 어쩌면 매우 당연한 결과다. 왜냐하면 모든 산업을 만들어 구성하고 그것을 움직이고 있는 곳곳마다 결국은 사람이 최종적으로 선택과 결정을 하고, 결국 그 시대를 살아가는 사람들의 삶과 연결되어 있기 때문이다.

그리고 기업은 B2C(기업과 개인소비자간 거래)든 B2B(기업과 기업의 거래)든 B2G(기업과 정부, 행정기관의 거래)든 따질 필요도 없이 결국 어느 곳에서나 고객인 사람을 만나게 되어 있고, 사람과 거래를 한다는 것을 잊지 말아야 한다. 그래서 기업은 항상 '고객이 사람'이라는 것을 기억해두지 않으면 지속적으로 성장해 가기 어렵다. 또한 사람은 매우 이성적이고 합리적으로 판단하고 있는 것처럼 보이지만, 중요한 순간에도 감정적이고 주관적으로 결정하고 있다는 메커니즘을 이해하지 못하면, 안정적인 기업경영을 해 나가는 데 상당한 어려움을 겪게 될 것이다.

세계는 지금 Industry 4.0, 4차 산업혁명이라 일컫는 커다란 변혁의 기점에 놓여 있고, 이미 산업전반의 분야에서 그 궤도에 올라서 있다. 이렇게 기계와 문명이 발달한 시대에 결정적인 판단을 인간의 감정 따위에 의존하겠느냐는 반론을 제기한다면 그야말로 너무나 초보적이고 아마추어 같은 신념이라고밖에 볼 수 없다.

거기에 지금의 세계무역환경은 자국의 이익을 위한 신냉전시대라 해도 과언이 아닐 만큼 자국에게 유리하도록 국제관계는 갈수록 복잡하고 어지럽게 얽혀만 가고 있으며, 내수시장보다도 수출경제에 훨씬 더 많은 의존을 하고 있는 우리나라 경제의 가치사슬이 위태로워지는 것은 당연한 현실이다. 그래서 하루가 다르게 변화해가는 불안정한 글로벌 정치상황과 장기적인 저성장, 경기불황의 늪에서 탈출과 회복을 위한 노력을 쏟아붓고 있는 것이 사실이다. 또한 2020년 초부터 강력한 토네이도처럼 지구를 휩쓸고 있는 감염병의 팬데믹 상황은 끝이 보일 듯 말 듯 안개 속 같은 희망고문이

계속되고 있고, 그 시기가 길어질수록 여기저기서 나타나는 심각한 경제와 사회의 문제들 속에서 너나 할 것 없이 불안하고 예민해져 있다.

즉, 기업은 상대해야 할 고객들의 감정상태가 매우 불안정하고, 작은 것들에도 민감하게 반응하며, 제어하기 힘든 감정상태가 잠정적으로 내재되어 있다는 것을 제일 먼저 고려해야 한다. 이에 부정적이고 비관적인 전문가들의 견해도 난무하고 있다. 희망적 의견들도 단순한 추측 및 지난 통계에 의존할 뿐이지 불확실성의 현실에서는 그 어떤 예측결과도 확신할 수가 없다.

그러므로 이러한 상황 속에 있는 우리는 이제 많은 분야들에서 예전과는 매우 다르게 접근하고, 사뭇 다른 해법을 찾아내야 한다. 산업분야, 즉 기업의 창업이나 경영에서 생존을 넘어 성장을 위해서라면 기다리고 있어서는 안 되며 안이하게 대처해서는 더욱 안 된다. 기업경영철학에서도 커다란 혁명이 필요하다는 것이다. 기존에 해 오던 방식이나 이전에 익숙해진 것들과는 완전히 다른 개념, 변화하는 시대흐름에 맞도록 획기적이고 창의적이어야 성공할 가능성이 높아진다. 타 기업은 앞다투어 변화하고 날로 혁신해 가고 있는데, 낡은 것에 그대로 안주해서는 곧 기업생태계에서 도태되며 시장에서 퇴출되고 만다. 그렇게 되지 않으려면 늘 새로움을 창조하려는 노력을 아끼지 말아야 한다. 새로운 아이디어, 새로운 기술, 새로운 방법, 새로운 혜택이 있어야 하고, 그 초점은 다름 아닌 '사람', 즉 이 시대를 살아가고 있는 사람에게 맞추어야 한다. 직접적이든 간접적이든 최종적으로는 사람이 체험하고, 사람이 선택하고, 사람이 결정한다. 그러므로 창업에 성공하고자 한다면, 기업을 지속가능하게 성장시키고자 한다면 항상 이것을 핵심가치로 삼아야 한다. 공급자 중심이 아닌 수요자 중심, 생산자 위주가 아닌 소비자 위주, 즉 기업입장보다는 고객입장을 고려한 마케팅활동을 처음부터 끝까지 계속 펼쳐나가야 한다.

고객중심 마케팅은 다양한 방법으로 해나갈 수 있다. 그중에서도 항상 필자가 강조하는 것은 바로 고객감정을 소중히 여겨야 한다는 것이다. 아무리 제품의 성능이나 기능이 우수하다고 하더라도, 또 그 절차가 객관적으로 잘 계획되어 있다고 하더라도 실제 그것이 고객에게 전달되는 과정이나 방식에서 고객의 감정을 만족시킬 수 없는 제품이라면 실패한 마케팅이다. 더구나 앞서도 말한 바와 같이 지금 이 시대와 우리 사회는 그 어느 때보다 사람들이 겪는 스트레스와 불안 등 감정에서 겪는 다양한 부정적 경험이 많고, 사실 그것은 비단 최근에 일어난 일련의 상황에서만 빚어진 것이 아니라, 상당히 오랫동안 축적되어 있다. 마치 공기가 가득 차부풀어 있는 풍선처럼 언제 터질지 모르는 위험수위에 도달해 있고, 어느 시점, 어느 장소, 어느 상황, 어느 자극에서 어떻게 터질지예측도 어렵다. 또 예전에 비해 고객이 그러한 감정을 표출할 수 있는 채널이나 기회가 폭발적으로 증가했을 뿐 아니라 감정을 표현하는 것이 고객의 자연스러운 하나의 권리로까지 받아들여지고 있다. 생각보다 엉뚱한 상황에서 자기도 모르게 그 감정이 직접적 혹은 간접적으로 표출되고 있으며, 개인이든 기업이든 기관이든 타고객의 감정에 쉽게 동조하기도 하고 경험을 학습하기도 하면서 집단적으로 행동에 옮기는 결과로 이어지기도 한다.

이것은 마케팅에서, 특히 고객관점에서 볼 때 상당히 중요하게 다뤄져야 하겠다. 왜냐하면 객관적으로 이해가 되고 논리적으로 설명이 되기도 하지만, 기업관점으로만 보려고 한다면 고객들의 감정이나 구매결정에 대해 이해가 되지 않을 수도 있다. 아주 작은 것이라도 왜 그렇게 선택하고, 왜 그렇게 소비하며, 왜 그렇게 경험하기를 원하는지 기존의 객관적 시각에서 본다면 분석이 안 될 수도 있다. 왜 그토록 싫어하는지, 왜 그렇게 분노하는지, 그 이유가 명확하게 드러나지 않을 수도 있다. 그리고 사실은 고객 자신조차도 잘 모르고 벌어지는 일들일 수도 있다. 가장 합리적이고 이성적일 것이라고 생각해왔던 사람들, 즉 고객들의 경제활동, 구매와 소비 활동이 매우 비합리적으로 보이기도 하고, 설명할 수 없는 이유들이 더 많을 수도 있다. 그것이 바로 고객의 감성이다. 자신도 모르게 이끌리거나 또는 거부하거나, 특별한 이유 없이 그것이 좋거나 혹은 싫거나, 반대로 다른 고객들에겐 의미도 없고 가치도 없지만, 자신만의 특별한 의미와 가치를 부여하며 그것을 찾는 경우도 있다. 그것을 탓할 이유도, 이상하게 여길 필요도 없으며 그냥 그대로 고객의 감정을 읽고, 받아들이고, 인정하면 이해할 수 있다. 사람마다 다른 감성, 고객마다 다른 감정을 느끼기 때문이며, 그 감성으로 인한 감정은 결정적인 순간을 좌지우지하는 큰 힘을 가지고 있다.

이것이 소비재로 들어가 보면 더 그렇다. 화려한 사치소비시대를 지나, 아끼고 절약하며 쥐어짜 가성비를 최고로 여기던 소비트렌드를 거쳐, 이제는 일과 삶과 균형을 이루는 일상 속에서 자신만의 작지만 확실한 만족을 얻고 행복을 찾으며 '자신의 정체성을 찾고 소중히 여기는 소비'로 변화하고 있다. 마치 전쟁터 같은 일상과 명확히 끝이 보이지 않는 터널 같은 삶의 고단함 속에서 지쳐 있는 감정의 상처를 치유하고, 따뜻하게 위로받을 수 있는 소비를 원하고 있는 것이다. 남에게 보이기 위한 목적보다는 자신에게 중요한 의미를 부여하고, 남을 따라 하기보다는 자신이 주도하는 경제활동과 일상생활에 연관된 소비경향이 점점 더 뚜렷해지고 있다. 아마도 이러한 추세는 앞으로 한동안 더 지속되고 더 확산될 것으로 보인다.

이와 같은 현상은 소비재뿐만 아니라 산업재에서도 같은 맥락으로 이해해야 기업의 성장가능성이 높아진다. 이제 공급사슬이 단 하나밖에 존재하지 않는 시장은 거의 없으며, 비슷한 조건이나 상황을 비교하고 또 비교하면서 선택하는 결정과정을 반복하게 된다. 이때 현재와 미래의 이익을 예측하기 위한 다양한 근거들이 타당성 있는 의사결정과정의 배경이 되겠지만, 최후의 의사결정은 사람이 하게 된다는 것을 상기해야 한다.

어느 기업에서든 시장에서 의미 있는 존재, 즉 상품이 되려면 고객을 만나야 하고, 그 고객의 선택을 받아야 하며, 구매를 위한 거래가 이뤄져야 한다. 그러므로 고객이 그 제품이나 서비스의 가치를 이해하고 인정하며, 직·간접적으로 경험하고 구매하고 사용하는 과정에서 고객이 어떤 감정상태를 가지게 될 것인가는 매우 중요해졌다. 고객의 마음을 얻어야 한다. 고객의 입장을 십분 고려해 어찌하면 더 쉽게, 더 편리하게, 더 유익하게, 더 기쁘게, 더 즐겁게 구매하게 할 것인지를 철저히 분석하고 대비하여 고객에게 적극적으로 다가가야만 한다. 이전에 고객이 가지고 있던 불편함을 개선하고, 고객의 구매목적에 맞게 선택할 수 있게 하고, 고객이 만족하는 단계에서 나아가 감동할 수 있게 하는 것이 바로 성공요인이다. 고객과 기업이 같은 철학을 공유하는 것, 고객과 기업이 같은 방향으로 나아가는 것, 고객과 기업이 함께 발전해 가는 것, 그래서 고객과 기업이 함께 행복해지는 기업의 경영이념이 확고하게 반영되어야 한다.

이 모든 과정을 한마디로 말하자면 바로 '감성마케팅'이다. 즉, 마케팅과정에서 고객의 마음, 기분, 정서, 느낌 등 다양한 감정들을 소중히 여기고 관리해 나가는 것이다. 이것이 결국 기업의 생존과 성장에 가장 핵심요인으로 작용하고 있음을 안다면 지금 당신 고객의 감정이 어떠할지 면밀히 살펴보아야 한다.

그리고 '감성마케팅'에 대해 필자가 전하고 싶은 보다 자세한 내용은 필자의 또 다른 저서인 『사고 싶게 만드는 감성 마케팅』이라는 저서에 하나하나 설명하며 담아두었으니 참고하길 바란다.

기업성장의 핵심전략이 될
불만고객에 대한 고객지향적 경영

　"당신의 기업에 불만고객은 없는가?"라는 질문에 어떻게 대답하
겠는가? 그리고 "불만고객이 있다면 당신의 기업에서는 어떻게 대처
하고 있는가?"에 대한 질문에는 또 무엇이라고 답하겠는가? 혹시
"우리 기업에는 불만고객이 거의 없다"거나, "알고는 있지만, 지금
우리는 더 이상 어쩔 수 없으므로 아예 그에 대해 무시하는 것이
낫다"는 생각을 하고 있지는 않는가? 만약 그렇다면 큰일이다. 어느
기업에든 불만고객은 있게 마련이고, 그 불만고객에 대한 관리에
실패하면 기업의 지속적인 생존과 성장이 위태로워질 수 있기 때문
이다.

그런데 고객의 불만을 관리하는 데 있어서 가장 위험한 것 중 하나가, 기업 스스로 자신의 제품이나 서비스 수준을 과신하는 것이며 이로 인해 고객의 불만을 대수롭지 않게 여기며 소극적인 대응으로 넘기려 한다거나 아예 무시해버리는 것이다. 이는 기업경영활동에 있어 중대한 실수이다. 또는 기업내부의 판단에 근거해 현재의 고객서비스나 불만고객에 대한 전략이 충분한 것으로 오해하고 있는 경우가 대부분인데, 이 또한 매우 위험한 상황이다.

실제로 경영컨설팅회사인 베인앤컴퍼니가 전 세계 362개 기업의 임원들을 대상으로 조사한 결과, 응답자의 95%는 "우리 회사가 고객지향적인 전략을 사용하고 있다"고 답한 것으로 나타났으며, 80%의 기업들은 자신들이 경쟁사와 차별화된 우수한 제품과 서비스를 고객에게 제공한다고 믿고 있는 것으로 나타났다. 하지만 고객들의 인식은 기업들의 그것과 크게 달랐다. 즉, "당신과 거래하는 기업이 경쟁사보다 차별화되고 우수한 제품과 서비스를 제공하고 있느냐"는 질문에 대해 불과 8%의 고객들만이 "그렇다"고 응답한 것이다. 그러므로 기업들은 자사 제품이나 서비스의 수준과 실제로 고객이 인지하는 수준 간에 큰 차이가 존재한다는 사실을 간과해서는 안 된다.

『만족한 고객은 친구 3명에게 이야기하고, 성난 고객은 3,000명에게 이야기한다』의 저자 피트 블랙쇼는 불만족한 고객이 가져오는 부정적 파급효과에 대한 우려와 함께 효과적인 대처방안을 제시해야 한다면서, 오늘날은 소비자가 창조한 새로운 세상이라고 했다. 그리고 기업은 품질향상을 위해 감시받을 수도 있으며, 더 이상 숨을 곳이 없다고도 했다. 특히 불만의 정도가 커서 분노한 고객이라면 기업의 운명에 치명적인 손상을 줄 수도 있다.

불만(不滿)은 만족하지 못한 상태를 말하며, 그 불만을 표현하면 불평(不平)이 된다. 그러므로 고객이 불만상태에 머물러 있다면 기업은 무엇이 잘못되었고, 고객이 무엇을 원하는지 알 수가 없다. 그것을 고객이 어떤 형태로든 외부로 나타내주었을 때 기업의 입장에서는 그 해결의 실마리를 찾을 수 있다. 그런데 한 통계에 의하면 불만을 가진 고객 중 96%는 그것을 직접 표현하지 않는다고 한다. 증거를 대기가 어렵거나, 가능한 빨리 잊고 싶거나, 누군가를 비난해야 하는 부담감 때문에 조용히 거래를 중지하거나 차라리 다른 곳으로 옮겨버린다. 하지만 간접적으로는 불만을 얘기하는 경우가 상당히 많다. 가족이나 동료, 이웃은 물론이고, 오프라인보다 부담이 적다고 느끼는 온라인에서 불만을 토로하며 비난의 목소리를 높이는 경우가 다반사다. 그런데 이는 한번만으로도 오랫동안 지워지지 않는 낙인이 될 수 있으며, 그 파급력이 상상할 수 없을 정도로 커져 가히 핵폭발의 위력을 지니며, 모든 것을 파괴할 수도 있다.

그러나 안타깝게도 불만처리를 잘 하지 못하는 경우가 많다. 불만항의에도 불구하고, 그에 무반응하거나 거절하면 이내 항의를 포기하게 되고, 문제개선을 위한 기회가 상실되고 만다. 그럴수록 고객 불만은 점점 증가해 불신의 정도가 깊어지면 경영수지악화에 이르고, 외부고객은 물론 조직내부의 고객마저 이탈이 가속화돼 결국 시장에서 퇴출되는 수순을 밟게 된다.

이는 작은 기업은 물론이고 규모가 큰 대기업에게도 성장의 지렛대를 부러지게도 하고, 커다란 장애물이 되어 어느 순간 건실했던 것처럼 보이던 기업을 순식간에 넘어지게도 한다. 57년을 이어 오며 장수기업으로 기술력과 제품성을 인정받아 오다가 영업정지, 경영권 박탈에 이어 마침내 매각수순을 밟았던 남양유업 사태가 최근의 대표적인 사례라고 하겠다. 여기에는 오너리스크에 지배구조의 난제까지 겹쳐 있는데, 기업의 불건전한 경영활동에도 불구하고 우수한 품질로 고객들이 그 손을 놓지 못하고 쇄신하길 기다려주었지만, 혁신은커녕 고객을 외면하고 점점 더 위험한 길로 걸어갔던 기업경영전략은 부패해 가는 유제품에서 나오는 독보다 더 큰 독성을 내뿜으며 굴지의 기업을 쓰러뜨렸다. 이 경영자 리스크에 대한 부분은 제4장, '성공가능한 경영자'편에서 좀 더 자세히 다루고자 한다.

하지만 빠르게 효과적으로 불만고객에 잘 대처하면 의외의 성과로 이어질 수 있다. 고객이 느끼는 불만정도에 따른 심리와 행동특성을 이해해주고, 그들의 욕구를 효과적으로 해결해준다면 반전의 결과를 얻게 된다. 이미 경험한 제품이나 서비스 등은 기존 인식보다 훨씬 긍정적으로 강화되고, 아직 경험하지 못한 것도 미리 좋은 인식을 갖기 때문에 불만을 제기하지 않았을 때보다 고객충성도(Customer Loyalty)가 더 높아지게 된다.

그런데 불만고객은 기업의 제품이나 서비스를 구매하고 이용하는 다양한 형태의 고객들로 B2C(Business-to-Customer), 즉 개인고객이기도 하지만 B2B(Business-to-Business) 개념으로서 기업고객을 의미하기도 한다. 요즈음은 B2G(Business-to-Government)로 기업의 고객이 정부기관이나 행정조직이 되기도 하며, 국내시장에 국한할 필요도 없이 해외시장, 즉 글로벌 고객까지 총체적으로 다뤄야 한다.

이는 온라인이나 오프라인의 소매점을 이용해 단순한 소비재를 구매하고 사용하는 고객뿐만 아니라, 중간재 등 산업재를 구매하는 경우, 대량의 제품을 거래하는 기업고객, 그리고 정부기관이나 행정조직 고객을 막론하고 다양한 불만요소가 잠재되어 있고 이것이 다각적으로 표출된다는 것이다. 그리고 그 파급력은 인터넷이나 SNS를 타고 급속도로 퍼져나가서 여론을 형성하고, 문서나 사진, 영상 등을 통해 핵심적인 증거를 남기기도 한다. 방심했다가는 미처 손을 쓸 수 없을 정도로 사태가 커져버리기도 한다.

필자는 그러한 고객의 불만발생 원인, 즉 문제의 원천을 세 가지 측면으로 분류해 보겠다. 그것은 기업의 문제, 직원의 문제, 그리고 고객의 문제이다. 그러면 이 세 가지 측면에 대한 문제발생 요인을 좀 더 자세히 살펴보고, 그 발생요인을 줄이기 위해서는 어떤 노력들이 필요한지 알아보겠다.

먼저 기업의 문제이다. 고객 불만의 원천이 기업 요인으로 볼 수 있는 경우는 제품이나 서비스 자체에 있을 때다. 즉, 제품이나 서비스의 원천기술이 부족하거나 생산과정에서의 불량품이나 결함, 품질, 시스템이나 서비스수준 등을 대표적인 문제발생 원인으로 말할 수 있다. 이런 경우에는 제품이나 서비스의 결함을 최소화하려는 노력이나 품질개선, 시스템 보완과 혁신, 서비스 수준향상 등으로 고객의 불만을 줄이고 만족도를 높여 가야 한다.

　다음으로는 불만의 발생요인이 직원, 즉 사람에게 있는 경우다. 특히 고객접점에 있는 직원들의 업무역량이나 고객을 대하는 태도와 행동이 직접적인 원인이 되는 것이다. 이런 상황이라면 직원의 선발에서부터 업무분장과 배치, 지속적이고 반복적인 교육 등을 통한 질적 관리가 필수적이다. 그런데 이때 유의할 점은 만약 고객에게 불만을 일으킨 직원이 있다면 그에 대해 책임을 지게 하거나 벌을 주는 것도 필요하겠지만, 그보다는 목표를 정하게 하고 그에 대한 좋은 성과를 냈을 때 인센티브로 보상을 주거나 포상을 하는 방법이 반드시 있어야 한다. 그래야 직원의 직무수행역량이 강화되고 조직이 안정적으로 성장하며 그럴 때 기업의 역량도 강화되고 성장이 가능하다.

　그리고 세 번째로 고객의 불만이 발생하는 원천은 바로 고객, 그 자신에게서 비롯되는 경우다. 이런 경우는 통상적으로 고객이 기대하는 바에 비해 기업이 제공하는 제품이나 서비스가 그에 미치지 못했을 때 발생하는 요인과 연관되어 발생할 때가 많다. 그리고 고객이 기업에 기대하는 정도가 너무 지나치게 높거나 기업의 규정이나 절차에 따르기를 거부하는 경우, 또 그에 대한 오해나 잘못된 인식으로 인해 불만이 발생하는 경우도 있다. 흔한 경우로 고객의 감정상태가 불안하거나, 고객이 처한 상황이 불안정하여 기업이나 직원이 감당할 정도의 한계를 넘어설 수도 있다. 그런 경우라도 고객을 무시하거나 고객을 탓하며 그 책임을 고객 탓으로 돌리기보다는 고객의 상황에 대해 역지사지의 자세로 이해하고 공감하려는 노력이 필요하며, 감정적 대응보다는 객관적이고 이성적으로 대처하고, 합리적인 처리를 해야 한다.

그러면 고객이 느끼는 불만의 강도는 어떻게 구분해볼 수 있을까? 지금까지 널리 알려진 바에 따르면 고객의 불만정도는 보통 3단계로 나눌 수 있는데, 1도 '불편하다', 2도 '어이없고 불쾌하다', 3도 '폭발할 것 같은 분노가 치민다'로 그 불만의 강도를 가늠해볼 수 있다고 한다. 이 불만의 강도에 따른 고객의 심리상태는 어떨까?

먼저 불만고객들은 대부분 스스로 구매를 선택하기로 결정한 자신을 탓하며, 그런 상황에 대해 오히려 자책감을 느끼기도 한다는 것을 이해할 필요가 있다. 왜냐하면 그런 후회를 반복하지 않기 위해 다시는 해당 기업의 제품이나 서비스를 구매하지 않거나, 아예 구매대상 목록에서 제거해버리기도 하기 때문이다.

조금 더 적극적인 고객들은 그 불만을 해결해줄 상담을 원하고 책임 있는 응대를 기대한다. 불만의 정도를 강하게 느낀 경우이거나 고객의 성향, 심리상태에 따라 즉각적으로 화를 내기도 하며, 처음부터 금전적 보상이나 피해에 대한 대책을 요구하기도 하며, 구체적인 내용을 제시하기도 한다. 불안심리가 가중되면 상황에 따라서는 반대로 애원을 하기도 하며, 심각한 피해를 입었다고 판단될 때는 공격적으로 돌변하기도 한다. 그야말로 억지를 쓰기도 하고 막무가내로 일방적인 요구라고 보여질 만큼 떼를 쓰기도 하는데, 그 또한 해당 고객에게는 그만큼 불만의 강도가 세다는 것으로 바라볼 수 있어야 한다.

이렇게 다양한 불만의 강도와 요구사항이 있는 것 같지만, 불만고객들이 공통적으로 바라는 것을 요약해보면 정중한 사과와 함께 문제의 해결 및 보상, 그리고 자신의 상황에 맞는 배려를 바라고 있다. 기업은 그런 고객의 욕구를 모른 척하거나 외면해서는 안 되며, 해결과정에서 기업에 유리하게만 전개해 나가면 긍정적으로 해결되기 어렵다. 그리고 해결이 되기 어려운 상황으로 흐를 우려도 크다. 그러므로 고객지향적인 태도로 고객의 불만을 기업의 발전과 성장에 어떻게 접목해서 반영해 나갈 것인지 고민하는 것이 우선이다. 왜냐하면 그들이 제기하는 불만문제가 바로 우리에게 부족한 부분, 개선해야 할 부분인 경우가 대부분이기 때문이다.

　이와 같이 고객의 불만에 대해 기업에서는 가능한 그것을 수용해주고 인정해주는 것이 가장 기본이다. 문제발생의 원천을 고객에게서 찾으려 하기보다는 기업에게서 찾으려는 노력이 먼저여야 한다. 그리하여 더욱 적극적인 대응으로 손실을 최소화하고, 나아가 전화위복(轉禍爲福)의 계기로 만들어 간다면 기업에게나 고객에게나 서로에게 득이 될 수 있다. 그러므로 불만을 제기하는 고객을 적대시하고 외면하지 말고, 오히려 이해와 포용으로 그들의 불만해소를 위해 열린 마음으로 다가가고 고객지향적인 태도로 해결하려는 노력이 절실하다. 안이한 태도로 방심하고, 사태파악이나 수습은커녕 고객을 방치하고, 더 어이없게 만들거나 불만을 가중시켜 폭발할 것 같은 분노를 키우는 말이나 행동, 대응과정은 손을 쓸 수 없는 화염과 화마가 되어 돌아오게 될 것이다.

　진실된 경청으로 신속한 사과, 문제해결 및 보상을 위한 대안 제시, 그리고 거듭된 사과와 사후관리까지 계속적으로 이뤄져야 표면적인 불만해소에 그치지 않고, 충성도가 높은 열성고객을 확보할 수 있다. 충성고객, 즉 기존고객의 기여도는 관계마케팅 개념에서 접근해볼 때 기업에게 주는 이익이 상당히 크다는 것이 이미 명확하다. 즉, 기본적 이윤으로 매출액 증가를 가져올 뿐만 아니라, 고객창출 및 고객관계형성에 소요되는 운영비 감소로 이어지고, 그렇게 형성된 단골고객은 재구매, 추가구매, 반복구매 패턴을 유지할 가능성이 높으며, 신상품 구매와 소개 및 추천으로 잠재고객들로부터 신규고객확보를 위한 효율적 홍보역할까지도 기대할 수 있기 때문이다. 그러므로 기업은 매출증대와 성장발전에 핵심역할을 하는 이러한 고객군이 얼마나 존재하는지 파악하고 관리해야 한다.

'가장 불만에 가득 찬 고객이 가장 큰 배움의 원천이다(Your most unhappy customers are your most greatest source of learning)'라고 마이크로소프트의 빌 게이츠가 말한 것처럼 우리가 불만고객이라고 부르는 그들은 우리가 기업생태계에서 안정적으로 생존해 나가고 끊임없는 성장을 해 나가는 데 길을 제시해 주는 원천이 될 수 있다.

'비 온 뒤에 땅이 굳는다'는 속담을 상기해보자. 어떤 문제가 발생했거나 곤란한 과정을 겪은 후에 오히려 더 관계가 좋아지거나 돈독해지는 경우를 두고 이르는 이 말처럼 고객과의 관계도 다르지 않다. 아무 문제가 없는 것처럼 보이다가 어느 날 등을 돌려버린 고객보다는 불만족스러운 상황에 대해 불평을 해주는 고객들의 의

견을 수용하고, 적절하게 잘 대처하면 더 끈끈한 관계로 지속될 수 있다는 것이다. 고객들의 반응에 의해 생계가 달려있는 연예인이나 연예기획사에서는 '안티팬도 팬이다', '무플보다 악플이 낫다'라고 하지 않는가? 무관심, 무반응보다는 부정적이더라도 의사를 표현해주는 것이 결과적으로 긍정적 요소가 된다는 것이다. 그리고 그런 고객의 반응이 바로 기업의 품질과 서비스를 평가해주는 모니터역할이 될 수 있으며, 기업에게 다시 한번 기회를 주는 것이다.

고객의 마음은 늘 움직이고 있고, 언제든 떠날 준비가 되어 있으며, 떠날 고객은 말없이 떠나가기도 한다. 단골고객이라는 개념은 무너진 지 이미 오래고, 지금 충성고객이라고 해서 영원한 충성고객이라고 믿을 수도 없다. 그러므로 불만고객을 충성고객으로 만들어 기업과 고객의 단단한 신뢰기반 위에서 그들을 신나고 열광케 해 '팬'이 되게 만든다면 기업이 오래 생존하고 더욱 성장해 나갈 가능성이 높지 않겠는가? 그러기에 기업들은 고객만족경영이라는 말을 앞세우고, 달콤한 광고문구로 고객들의 구매 니즈에 맞추려는 것처럼 보이지만, 최고의 품질과 최상의 서비스를 갖춘다는 것은 그렇게 쉽지 않다. 그리고 제품과 서비스도 하루가 다르게 발전하지만 고객의 눈높이나 욕구도 그 이상의 속도로 진화하고 있기에 기업의 의도대로 고객을 만족시키기기는 매우 어렵다. 그리고 기업과 직원의 고객지향적인 경영방침과 태도는 말처럼 쉽게 만들어지고 전달되지 않는다. 하지만 늘 기억하라! 불만고객, 그들은 기업의 적이 아니라 친구이며, 기업경영의 걸림돌이 아니라 기업성장의 방향을 제시하는 핵심가이드다!

고객의 구매의사결정단계와
구매행동을 이해하라

　'고객의 마음의 문을 열 수만 있다면?', '고객의 마음속으로 걸어 들어가 그곳에 자리 잡을 수 있다면?', '고객의 마음을 움직일 수 있다면?' 이런 생각을 해본 적이 있는가? 기업은 제품과 서비스를 개발하고 시장에 진출해 고객에게 선택받고, 실제 고객의 구매행동을 이끌어내야만 매출이 발생해 사업화가 이뤄진다. 어디 그뿐인가? 지속가능한 기업경영을 위해서는 고객의 재구매, 반복구매, 추가구매를 일으켜야 하고, 더 많은 고객의 유입으로 시장이 확장되어야 매출증가와 수익증대가 가능해진다. 그러므로 기업은 고객이 제품이나 서비스를 구매하기까지의 구매의사결정과정을 통해 일어나는 구매행동, 나아가 구매 후 행동에 이르기까지 각 단계에서 전략적 마케팅계획을 수립하고 실행해야만 안정적인 성장이 가능해진다.

기업은 혁신적인 기술개발을 통해 새로운 상품을 만들면 고객이 구매해줄 것이라고 생각하지만, 시장에서는 그렇지 않을 때가 더 많다. 그 이유는 고객은 그동안 자신이 알고 있던 사실들과 믿어왔던 신념을 쉽게 바꾸려 하지 않고, 변화를 일으킬 만한 어떤 새로운 요소가 작용해야만 지금까지의 생각과 행동의 변화가 가능하기 때문이며, 따라서 기업은 고객의 생각과 기호에 맞도록 다가가야 한다. 또 기존 고객을 지속적으로 유지하기 위해서는 그들이 스스로의 믿음을 지킬 수 있도록 하려는 노력 또한 계속되어야 한다. 그런데 고객의 구매의사결정은 어떤 고객이, 어떤 목적으로, 어떤 상품을, 어떤 상황에서 구매하는지에 따라 다양한 형태로 이루어진다. 그래서 어떤 경우에는 빠르고 단순하게 결정하게 되기도 하지만, 상황에 따라서는 오랜 시간과 많은 노력으로 복잡하고 어렵게 결정을 내리기도 한다. 그렇다면 '고객은 언제, 어떻게 구매의사를 결정하고, 왜 그러한 구매행동을 하는가?'에 대해 알아봐야 하겠다.

여기서 고객이 구매하는 상품은 크게 소비재와 산업재로 분류하는데, 일반적으로 고객이 최종소비나 사용목적으로 구매하면 소비재라 하고, 다른 제품 또는 서비스의 생산에 이용할 목적으로 구매하면 산업재로 본다. 그러므로 소비재와 산업재를 구매하는 고객의 구매의사결정과정과 구매행동을 각각 구분해볼 필요가 있으며, 우선 소비재를 구매하는 고객들에 대해 살펴보자. 고객의 상품에 대한 구매의사결정과 구매행동을 마케팅전문가들은 '소비자행동'이라고 부르며 미국 마케팅학회(AMA)에서는 '인간들이 삶에서 교환적 활동을 위해 필요한 정서, 인지, 행동 및 환경적 요소들의 동적인 상호작용'이라고 정의하고 있다.

먼저 고객의 구매행동에는 어떤 유형이 있는지 살펴봄으로써 구매의사결정과정 이해를 돕고자 한다. 거기에는 새로운 상품인지 아닌지, 구매빈도가 어느 정도인지에 따라 단순한 결정 또는 복잡한 결정단계를 거치는 차이가 있다. 또 이전의 구매경험이나 사용경험, 브랜드 선호도에 따라 '고관여 상품'과 '저관여 상품'으로 나뉜다. 여기서 고관여는 구매자가 높은 관심도를 가지고 있는 것으로, 해당 상품 외의 여러 대안들에 차이점이 많고, 구매의사결정을 잘못 내렸을 경우에 위험성이 높으며, 대부분 가격이 높고 복잡한 속성을 가지고 있어서 중요한 영향을 미친다. 때문에 상품에 대한 정보탐색이나 구매의사결정과정이 신중해지고 느려지는 특성이 있으며, 강한 브랜드 충성도와 애호도 형성이 많다. 예로써 자동차나

아파트를 구매할 때가 이런 경우라고 할 수 있다. 반면 저관여는 제품에 대한 구매자들의 일반적인 신념 등과는 관련 없이 구매 행위가 일어나는데, 개인적 관심도에 특별한 것이 없고, 구매결정을 잘못 내리더라도 구매결과에 대한 불안감이나 위험성이 별로 없으므로 주로 가격이 낮거나 품질에 별 차이가 없는 상품들이 여기에 속한다. 예를 들면 갈증을 느낄 때 지나가던 길목에 있는 편의점에 들러 단순히 습관적으로 또는 별 고민 없이 생수를 구매하는 것과 같이 가벼운 구매의사결정이 그렇다.

물론 여기에는 소비자가 가진 본질적인 성향, 구매의 중요성, 시급성, 또는 대체상품의 존재여부, 가격 등에 따라 상당히 다르게 나타난다. 즉 개인적, 심리적, 사회적, 문화적 요인들이 구매에 영향을 미치게 된다. 아래의 표를 통해 그 내용을 참고해볼 수 있다.

개인적 요인	성별, 연령, 직업, 성격, 라이프스타일, 흥미, 개성, 경제적 상황
심리적 요인	경험, 학습, 지식, 지각, 신념, 태도, 동기, 습관
사회적 요인	소속 및 준거집단, 사회적 역할, 지위, 가족구성
문화적 요인	민족, 사회적 계층, 문화, 세대

[표 2-1] 구매에 영향을 미치는 기초적인 상황변수

그러면 고객의 구매의사결정과정, 즉 소비자가 제품이나 서비스를 구매하는 과정에 대해 이미 알려진 내용들을 토대로 좀 더 알아보자. 일반적으로 문제인식 → 정보탐색 → 대안평가 → 구매결정 → 구매 → 구매 후 행동의 단계가 있는데, 각 단계별 고객의 심리적, 행동적 특징과 함께 기업은 고객에게 마케팅활동을 어떻게 해야 하는지를 간단히 살펴보자.

첫째, '문제인식' 또는 '필요인식'으로 구매 의욕을 느끼기 시작하는 시점이다. 소비자의 실제 상태와 소비자가 생각하는 바람직한 상태 간에 차이가 있음을 지각하는 단계다. 예를 들면 어느 주부가 친구의 집에서 그가 에어프라이어를 사용해 요리하는 것을 보고, 에어프라이어를 사용하면 간편하고 맛있는 요리를 쉽게 만들 수 있다는 생각이 들어 구매의욕을 갖게 되는데, 이것이 문제인식, 필요인식이다. 이때 기업은 얼리어답터(Early Adopter)들이 기업의 신상품을 구매하여 사용하도록 마케팅기획을 수립하고, 적극적인 프로모션활동을 진행해야 한다.

둘째, '정보탐색'으로 문제해결을 위해 관련된 정보를 수집하는 단계다. 여기에는 자신의 기억 속에 있는 정보를 끄집어내 욕구를 충족시킬 만한 대안이 떠오르는 내적탐색과, 이것으로는 부족함을 느껴 외부로부터 필요한 정보를 찾는 외적탐색이 있다. 이때 정보는 가족, 친구, 이웃 같은 개인적 원천과 광고, 판매원, 상품진열 등의 상업적 원천, 또는 신문, 뉴스, 공익단체 등의 공공적 원천, 그리고 시험구매나 상품의 직접경험 등 경험적 원천 등이다. 그러므로 기업에서는 소비자가 접근 가능한 다양한 매체를 통해 여러 가지 형태로 상품에 대해 홍보하고 광고할 필요가 있다. 특히 기업이나 제품에 대한 브랜드가치가 중요하게 작용하므로 브랜드이미지 등 브랜드평판이나 브랜드인지도를 잘 관리하면 더 효과적이다.

셋째, '대안평가'는 수집한 정보 중 자신이 구매하려는 상품의 속성을 평가기준으로 하여 대안을 선택하기 위해 평가하고 처리하는 것이다. 예를 들어 에어프라이어의 경우 용량, 기능성, 가격, 소비전력, 사용편의성, 디자인, 컬러 등에 대한 정보를 평가하게 된다. 이때 기업은 자사제품에 대한 시장분석과 타깃고객을 설정하고, 경쟁우위로 포지셔닝하기 위해 차별화된 특징과 가치제안을 명확히 함으로써 고객의 선택을 도와야 한다.

넷째, '구매결정'은 정보평가 후 구매를 결정하는 단계다. 그렇다고 해도 구매결정이 곧 구매로 이어지지는 않는 데에는 다양한 상황적 요인들이 있기 때문이다. 이를테면 타인의 태도, 즉 소비자가 선호하는 상품에 대한 다른 사람들의 선호도와 그들의 바람에 따르려는 소비자의 태도나 욕구의 강도, 상품에 대한 시급성, 금전적 압박, 또는 구매결정을 내린 상품이 아닌 다른 상품이 가격세일을 한다거나 또 다른 신상품의 출현 등은 구매결정을 미루거나 취소하게 만들 수도 있다. 이 단계에서 기업은 고객의 구매결정을 선점하기 위해 부가적인 혜택이나 의외의 추가적인 가치제안을 한다면, 고객의 결정에 촉진제로 작용할 수 있다.

다섯째, '구매'가 이뤄지는 단계다. 중요한 것은 앞서 언급한 구매결정 이후에도 구매가 이루어지지 않는 상황이 구매시점에도 발생할 수도 있는데, 이는 고객접점요인 등이다. 점포의 접근성이나 위치, 외관 및 시설, 인테리어, 진열상태, 판매원 등이 실제로 구매에 많은 영향을 미친다. 예를 들어 온라인점포라면 홈페이지 구성이나 구매결제시스템 등이 의외의 복병으로 작용하는 경우가 많고, 오프라인점포라면 점포분위기나 편의시설, 고객접점에서의 고객응대기법 등이 결정적 변수로 작용하므로 소홀함이 없이 꼼꼼히 챙겨야 한다.

여섯째, '구매 후 행동'은 구매 후 만족 또는 불만족이 행동으로 이어지는 것이다. 완벽한 상품은 없기에 완전한 만족을 기대하기는 어렵지만, 소비자들은 자신의 기대에 대한 상품 및 관련된 요소들에 대한 만족도를 체감하게 되고, 만족한다면 재구매를 하거나 입소문을 통해 호의적인 평가를 전파한다. 그 반대의 경우에는 부정적인 구전이 퍼져나가거나 구매 중단, 환불, 교환, 나아가서는 법적소송으로 이어지기도 한다. 따라서 기업에서는 신규고객과의 관계형성 및 기존고객의 관계관리를 통해 긍정적인 피드백을 발전시키고, 불평고객을 방치하지 말고 적극적으로 돌봐야 하며, 불만고객도 충성고객이 될 수 있도록 상황에 따라 적절히 대처해야 한다.

위와 같이 통상적으로 알려진 구매의사결정과정과 구매, 그리고 구매 후 행동까지의 단계를 살펴보았는데 이를 소비자와 시장의 시대적 변화에 따라 좀 더 세밀하고 쉽게 설명하고 있는 구매결정과정 및 구매행동에 대해서 알아보자.

먼저 1898년 E. S 루이스가 제창한 'AIDA법칙', 즉 인간이 행동을 일으키기까지는 주의(Attention)하고, 흥미(Interest)를 갖고, 욕망(Desire)을 느끼고, 그리고 행동(Action)을 한다는 것에서 유래한 소비자행동모델 'AIDMA법칙'이 있다. 이는 1920년대 경제학자 롤랜드 홀(Rolland Hall)이 주장했는데 소비자의 구매결정과 행동은 주의(Attention), 흥미(Interest), 욕망(Desire), 기억(Memory), 행동

(Action)의 과정이라고 했다. 이 후, 'AIDCA법칙'으로 욕망(Desire)과 행동(Action)사이에 기억(Memory)대신 확신(Conviction)을 넣기도 했다. 그러므로 소비자의 흥미를 유발하고 욕구를 불러일으켜 강렬한 기억을 남김으로써 물건을 사도록 유도할 수 있는 광고 등의 마케팅전략 수립이 효율적인 기업 활동을 가능케 할 것이다.

[그림 2-1] 소비자행동모델 AIDMA(by Rolland Hall)

그런데 오프라인에서만 정보를 얻고 오프라인점포에서만 상품을 구매하는 시대가 지나가고 인터넷이라는 온라인 시대를 맞게 되었다. 기술과 산업의 발달과 경제의 형태가 변화했고, 소비자는 똑똑해져 기업들은 이제까지와는 다른 다양한 방식으로 광고를 하며 구매를 유도했으나, 그럴수록 소비자는 광고에 대한 피로감으로 광고를 기피하거나 불신하기에 이르렀다. 그러다가 기업광고가 아니라 실제 소비하고 경험해본 사람의 후기를 본 후 구매하는 과정으로 바뀌었고 'AIDMA'도 'AISAS'로 진화하면서 욕망 → 기억 → 행동이라는 과정도 변화하여 검색(Search) → 행동/구매(Action) → 공유(Share)라는 새로운 모델이 만들어졌다. 여러 형태의 SNS 채널이 활성화되고, 이를 소비문화에 적극적으로 활용하는 구매패턴이 일상화된 것이다.

[그림 2-2] 진화된 소비자행동모델 AISAS

그러다가 인터넷정보를 검색하고 구매행동으로 이어지기까지 더 세부적으로 구매의사결정단계를 추가해 'AISCEAS'까지 발전하게 되었다. 검색과 행동의 단계를 면밀히 살펴보니, 검색 후 비교(Comparison)와 검토(Examination)를 거쳐 마침내 구매를 결정하고 구매행동으로 이어 간 후, 자신의 구매후기 공유까지도 이어지는 소비자의 특성이 나타났기 때문이다.

[그림 2-3] 세분화된 소비자행동모델 AISCEAS

다음으로는 산업재 구매고객의 구매의사결정과정과 구매행동에 대해 알아보자. 산업재는 그 용도에 따라 설비, 도구, 부품 및 가공자재, 원자재, 소모품 등으로 나눌 수 있는데, 산업재 중 생산활동에 기반이 되는 공장, 생산 설비, 도구, 가공원자재나 부품 또는 생산활동을 유지, 수선, 운영하는 데 필요한 소모품 등으로, 충동구매나 일시적 구매보다는 조직적인 구매시스템에 의한 구매나 대량구매가 많다. 그러므로 산업재의 고객은 재화나 서비스를 생산하는 기업 또는 분배하는 유통업자가 되며, 구매자의 구매의사 결정 체계에 따라 단계별로 정밀한 마케팅 활동이 요구된다. 앞서 언급한 일반적인 구매의사결정과정에 비추어 볼 때 다음과 같이 정리해볼 수 있다.

첫째, 구매자가 문제를 인식하고 제품이나 서비스에 대한 구매의 필요성을 갖도록 먼저 제안해야 한다. 이메일이나 우편을 통한 제안서를 보내거나, 고객사나 구매자가 접근 가능한 매체를 통해 광고를 한다거나 또는 직접 찾아가 제안을 하는 방법이 있다.

둘째, 구매자가 문제를 인식하면 구매가 필요한 상품이 갖추어야 할 조건이나 특징을 구체적인 명세서 형태로 작성하게 되는데, 이 때 기업이 제안한 상품의 속성을 근거로 삼게 된다.

셋째, 고객사에서 내부적으로 상품명세서를 확정하면 구매자는 명세서의 조건에 가장 적합한 업체나 상품을 찾는데, 이때 다양한 매체나 온라인 정보탐색, 박람회 등을 활용한다. 따라서 구매자가 구매검토과정의 상품군에 포함되도록 다양한 마케팅활동을 해야 한다.

넷째, 구매자는 검토대상 업체리스트 작성 후 그들에게 제안서를 요청하게 되고, 산업재를 생산·판매하는 기업에서는 자사 상품의 차별화특징이나 제공할 가치 등 셀링포인트를 잘 표현해야 한다.

다섯째, 구매자는 제시받은 제안서를 각 업체별로 평가하여 가장 우수한 업체를 선정하게 되므로 산업재 기업에서는 구매자의 평가기준과 중요도를 파악하고, 각 경쟁사분석을 통해 자사 상품의 상대적인 경쟁우위를 집중적으로 부각시켜야 한다.

여섯째, 구매자는 선정된 업체와 납기, 환불, 품질보증기간 등 구체적인 납품조건을 협의하여 최종 계약을 체결하고, 실제 납품이 시작되면 상품의 품질 및 계약이행 정도 등의 결과를 평가함으로써 이후 거래관계를 계속 유지할 것인지를 결정한다. 따라서 납품 완료 후에도 구매자의 평가방식과 만족도 정도를 파악해서 구매자의 불만을 예방하고 관계관리를 해야 지속적으로 구매를 촉진할 수 있다.

　제1장에서 소개했듯이 성공적인 창업과 지속가능한 기업의 경영 전략에서 빈번하게 사용되는 도구에 비즈니스모델 캔버스가 있다. 9개의 영역을 기업과 고객의 차원으로 나눠 사업화전략을 수립하게 되는데, 자세히 들여다보면 그 내용은 시장성과 상품성이 있는 제품과 서비스를 개발하고 판로를 개척해 매출이 발생하기까지의 일련의 과정에서 대부분 마케팅관점을 적용하고 있다. 즉, 아무리 새롭고 차별화된 제품이라고 해도 시장에 진출하지 못하면 결국 실패하게 되므로 고객창출을 위해 반드시 해야만 하는 것들, 다시 말해 기업이 판매할 제품이나 서비스가 핵심고객에게 어떤 가치를 제공할 것인가, 그리고 그것을 위해 기업이 해야만 하는 핵심활동 이나 고객관계관리 등을 매우 중요하게 다루고 있다. 결국은 고객에게 상품의 필요성을 인지시키고, 구매의사결정과정을 거쳐 구매 행동을 일으키도록 촉구하는 마케팅전략이다. 그러므로 기업은 고객이 언제, 어떠한 과정으로 구매의사를 결정하고 실제로 구매를 하는지에 대해 깊이 이해하고, 면밀히 파악해 매출증대를 위한 마케팅전략과 계획을 수립하고 실행해야겠다.

품질경영시스템,
철저한 품질관리로 승부하라

'품질은 믿을 만한가?' 또는 '무엇으로 품질을 보장할 것인가?' 이
는 제품을 선택하고 구매하는 고객의 입장에서 보면 가장 핵심적
으로 가지게 되는 의문이자 기업에 대한 요구사항일 것이다. 그러
므로 제품의 품질에 대한 신뢰성을 증명할 수 있다는 것은 기업의
경영목적 달성에 매우 중요한 전략적 변수로 작용한다. 따라서 기
업의 경영환경을 구성하는 여러 가지 요소들이 가지고 있는 한계
를 극복하고 오류를 개선해야 할 것이다.

품질(品質)의 사전적 정의는 '제품이나 서비스가 추구하는 목적에
부합하는 것'이라고 했다. 따라서 엔지니어링 및 제조 부문뿐만 아

니라 모든 사업에서 그 어떤 것보다도 우월성을 가지며 가격과 더불어 상품의 시장 적합성을 좌우하는 2대 요소이기도 하다.

고객이 상품에 관한 지식을 얻고 내용을 이해하며 원하는 상품을 선택하여 안심하고 구입할 수 있게 품질표시제도를 시행하는 것도 바로 그런 이유다. 제품의 재질, 성분, 성능, 부작용, 규격, 용도 등 품질에 관한 사항, 사용방법 및 취급상의 주의사항, 유통기한, 사용 가능기한, 제조자 등을 표시하는 것이다. 예를 들면 KS마크, Q마크, KC마크, 환경 마크 등 국내 품질마크가 있다면 검증된 상품으로 품질이 우수하다고 할 수 있다.

품질에 대한 관리는 산업혁명 이후 제품의 생산체제가 수주생산 방식의 가내수공업 형태에서 시장수요를 예측한 대량생산 형태로 변화하면서 생기기 시작하였다. 일본의 경우 품질에 대한 개념에 대해 50년대에는 '규격적합성(fitness to standard)'으로 "품질이란 표준(규격)에 대한 일치 정도를 뜻한다"고 했고, 60년대에는 '사용 적합성(fitness to use)'으로 "사용자의 사용목적에 맞아야 품질로 인정받는다"고 했으며, 70년대에는 '비용 적합성(fitness to cost)'으로 "비용으로 품질수준을 말한다"고 했다. 그 이후에는 '잠재요구 적합성(fitness to latent requirement)'으로 "품질이란 잠재요구를 찾아 만족시키는 것이다"라고 했다. 생산자, 기업의 입장에서 품질관리는 고객의 욕구를 충족시켜주는 총체적인 활동을 말하고 있다.

'품질은 곧 용도에 대한 적합성'으로 정의한 쥬란(J. M. Juran)은 "20세기가 생산성의 시대라면, 21세기는 품질의 시대다"라며 품질관리를 강조했다. 또 에드워즈 데밍(W. Edwards Deming)은 "프로세스의 우수성이 품질수준을 결정한다"고 했으며, 필립 크로스비(Phillip B. Crossby)는 "품질은 고객 요구사항, 기대에 대한 적합도이다"라고 했다. "항상 고객 입장에서 최고의 서비스는 품질이 보장된 제품을 공급받는 것이고 그것이 곧 기업의 목표"라는 어느 중소기업 대표의 말처럼, 품질경영은 지속가능한 성장을 위한 핵심전략일 수밖에 없다.

더구나 지금 우리는 학문, 경제, 문화, 그리고 일상생활에까지 뗄 수 없는 개념으로서 다양한 산업분야에 접목되고 있는 4차 산업혁명시대에 들어와 있다. 앞으로 공장에서도 사무실에서도 지금보다 더 많은, 크고 작은 변화가 있을 것이다. 기업은 대량생산을 위한 획일적인 생산관리를 벗어나 혁신기술이 결합된 제품생산을 위한 고도의 관리시스템에 더해 스마트기술과 장비를 통한 생산시스템을 도입하고 있다. 그러므로 중소기업이 강소기업으로 건실하게 생존하고, 중견기업, 나아가 경쟁력 있는 글로벌 우수기업으로 지속적 성장을 거듭해 나가기 위해서는 이러한 품질관리를 통한 경영전략을 다시 점검하고 설정할 필요가 있다.

그러면 품질에 대해 좀 더 잘 이해하기 위해 하버드대학 가빈(G. A. Garvin) 교수의 주장을 살펴보고자 한다. 그는 생산자, 기업은 물론 사용자, 고객의 관점까지 함께 고려하여 품질을 구성하는 8가지 차원을 제시하면서 전략적인 품질경영의 중요성을 강조하였는데, 기업이 왜 품질경영을 해야 하는지를 핵심적으로 설명해주고 있다고 하겠다.

첫째, 성능(Performance)이다. 제품의 기본적 운용 특성이라고 했는데, 제품의 속성이 의도하는 핵심기능을 수행하는 능력으로 예를 들면 TV의 경우 화질, PC의 경우 처리속도, 자동차의 경우 가속력 또는 안전성, 믹서기의 분쇄력, 전등의 밝기 등이 이에 해당된다.

둘째, 신뢰성(Reliability)이다. 제품이 의도된 기능을 일정기간 동안 실제로 수행할 수 있는 확률, 수행능력이며, 기본적으로 정해놓은 특정 범주 내에서 유지 및 보증하는 것을 의미한다. 일반적으로 신뢰성은 고장 없는 작동으로 본다. 시스템 개개의 부품이 고장나지 않더라도 전체시스템이 의도대로 작동하지 않는다면 신뢰성을 낮추게 되기도 한다.

셋째, 내구성(Durability)이다. 제품의 수명은 제품이 정상적인 기능을 발휘하는 내용수명이라고 명시하였는데, 내용수명이란 완전히 고장나지 않더라도 경제적으로 수리할 가치가 없게 될 때까지의 수명을 말한다. 얼마나 오래 기능을 발휘할 수 있는가를 나타낸다.

넷째, 편의성(Serviceability)이다. 제품이 고장났을 때 수리나 시정 조치 등의 서비스를 수행하는 속도 및 경제성을 말한다. 즉, 서비스의 용이성이나 속도, 친절도, 그리고 수선능력 등이 이에 해당되며, 편의성이 확보될수록 신뢰성의 결함을 어느 정도 해소할 수 있다.

다섯째, 심미성(Aesthetics)이다. 제품의 스타일, 색상, 모양, 질감 등 외관에서 느껴지는 특성으로 제품의 이성적요소인 속성을 간접적으로 고객에게 표현하고 소구할 수 있는 감성적요소이다. 외형이나 인상, 느낌, 맛, 냄새, 소리 등이 작용한다. 청량음료의 경우 병이나 캔의 외관, 맛, 향기 등에 의해 고객의 선호도가 좌우되기도 하고, 그 반대가 되기도 한다.

여섯째, 특징(Feature)이다. 이는 제품의 핵심적 속성, 즉 성능 외의 부가적인 특성이다. 기본적인 주 성능 외에 제품의 본질적 성능을 도와주는 또 다른 기능들이다. 예를 들면 자동차의 경우 안락함과 내부 공간의 디자인이나 소재, 오디오 시스템이 여기에 해당된다.

일곱째, 지각된 품질(Perceived Quality)이다. 제품 이외에도 제품을 생산, 판매하는 회사의 명성에 의해 고객이 느끼는 품질을 말한다. 즉, 브랜드평판을 통해 고객의 신뢰를 쌓아 획득되는 품질요소로써 제품이나 브랜드이미지, 광고 등 브랜드인지도와 깊은 관련이 있다.

여덟째, 일치성(Conformance)이다. 제품명세서의 규격과 일치하는 정확도다. 제품설계에서 정의된 명세서의 규격이나 정해진 표준과 일치하는 정도로서 자동차의 경우 문이나 핸들에서 소음이 난다면 일치성에 문제가 되는 것이며, 크기는 물론이고, 색상이나 향기 등 모든 요소에서 제품명세서에 어긋나지 않아야 하며, 견본품과 생산품의 일치성도 포함된다.

그렇다면 이러한 품질의 개념, 품질의 핵심차원들을 경영에 어떻

성능
performance

일치성
conformance

신뢰성
reliability

지각된 품질
perceived quality

품질 8차원
가빈(G.A Garvin)

내구성
durability

특징
feature

편의성
serviceability

심미성
aesthetics

[그림 2-4] 가빈(G. A. Garvin)의 품질 8차원

게 접목시킬 것인가? 여러 가지 방법이 있겠지만, 여기서 필자는 국제표준화기구(ISO: International Organization For Standardization)가 인증규격으로 정하고 있는 ISO9001 품질경영시스템(2015)을 소개하고자 한다. 즉, ISO9001이란 무엇이고, 경영원칙과 핵심내용, 인증 후 기대효과, 인증취득절차, 그리고 특히 최근 중시되고 있는 개념인 리스크 관리에 대해 기술해보고자 한다.

ISO9001 품질경영시스템은 여러 이해관계자의 기대 및 요구사항을 충족시키기 위해 품질 목표와 관련하여 결과의 성취에 초점을 맞추는 조직경영 시스템으로, 품질에 관련하여 조직을 지휘하고 관리하도록 만들어져 있다. 그러므로 제품 및 서비스에 이르는 전 생산과정에 걸친 품질보증체계를 의미하며, 품질향상을 통하여 경쟁력 우위를 확보하고, 고객만족향상 및 조직경쟁력 제고를 통해 조직의 장기적인 성장, 발전을 추구할 수 있게 한다. 이 시스템의 인증 대상 업체는 제조업, 서비스업, SW업, 도소매업 등 모든 사업분야를 대상으로 한다.

이처럼 ISO9001 품질경영시스템은 기업평가 시 가산점 적용, 품질경영의식 제고 및 습관화, 합리적이고 효율적인 경영시스템 구축, 체계적인 업무수행으로 인한 생산성 향상, 국내외의 환경변화에 능동적·효율적 대비 수단, 고객의 인증요구 대응, 국내외시장 진출 확대 등을 위해 꼭 필요하다.

기업평가시 가산점 적용
품질경영의식 제고 및 습관화
합리적이고 효율적인 경영시스템 구축
체계적인 업무수행으로 인한 생산성 향상
국내외 환경변화에 능동적, 효율적 대비 수단
고객의 인증 요구 대응
국제, 국내시장 진출 확대

[표 2-2] ISO9001 품질경영시스템의 필요성

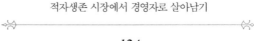

그러면 ISO9001 품질경영시스템 취득에 대한 기대효과를 보자. 먼저 조직성과의 지속적인 개선 및 성과측정의 도구로 허용될 수 있으며, 고객의 요구에 부응하는 최적의 품질시스템 구축, 고객의 만족과 기업의 신뢰성 향상, 업무체계 확립으로 품질 경쟁력 확보, 경영 자원의 효율적 이용, 대외이미지향상으로 고객사에게 높은 신뢰도 구축, 조직의 업무 표준화, 각종 정부지원제도 적용 시 가산점 부여 등이 있을 것이다.

조직성과의 지속적 개선 및 성과측정의 도구로 허용
고객의 요구에 부응하는 최적의 품질시스템 구축
고객의 만족과 기업의 신뢰성 향상
업무체계 확립으로 품질 경쟁력 확보
경영자원의 효율적 이용
대외이미지 향상으로 고객사에게 높은 신뢰도 구축
조직의 업무 표준화
각종 정부지원제도 적용 시 가산점 부여 등

[표 2-3] ISO9001 품질경영시스템 취득 후 기대효과

이 ISO9001 품질경영시스템(최신 2015년 규격)에서는 품질경영 7원칙을 제시하고 있는데, 고객중심(Customer focus), 리더십(Leadership), 전원 참여(Engagement of people), 프로세스 접근법(Process approach), 개선(Improvement), 그리고 증거기반 의사결정(Evidence-based decision making)과 관계관리(Relationship management)가 있다.

[그림 2-5] ISO9001:2015 품질경영 7원칙

다음은 ISO9001 품질경영시스템 취득절차다. 먼저 ISO인증업체를 찾아 인증문의를 하는 것부터 시작된다. 그리고 인증절차를 진행하기로 한다면 인증계약을 하고, 심사계획통보를 받은 뒤 예비심사와 현장심사 1, 2단계를 거쳐 그 결과보고서에 따른 인증등록심의 후 통과되면 인증서가 발행된다. 그리고 인증을 위한 최초심사

이후 사후관리심사와 갱신심사가 이뤄지는데 이러한 ISO인증취득 및 체계적인 사후관리를 통해 대내외적으로 기업경영신뢰도가 향상되게 된다. 이를 위해서는 무엇보다도 기업의 장기적이고 지속가능한 성장 발전을 목표로 삼는 경영자의 마인드가 가장 중요하며 전사적으로 조직의 협조가 필요하다.

인증신청기업	인증기관
인증문의 / 신청	접수 / 신청서검토
심사계약/비용납부	심사계약 / 통보
시정조치	예비 / 문서심사
시정조치	1단계 / 현장심사
시정조치	2단계 / 확인심사
	인증심의
인증서획득	인증서발급

[그림 2-6] ISO9001 품질경영시스템 취득절차

이러한 ISO9001 품질경영시스템을 위해 특히 최고경영자가 점검해야 할 사항들은 다음과 같다.

① 기업에 비효율적인 프로세스가 존재하는지?

② 제품에 대한 평가가 올바르게 수행되고 있는지?

③ 고객을 제대로 만족시키고 있는지?

④ 구축되어 있는 품질경영시스템의 올바른 실행과 정착에 대한 내부시스템 평가를 올바르게 진행하고 있는지?

또 ISO9001:2015 최신규격에서 강조되고 있는 것은 바로 리스크다. 이 리스크를 다시 '리스크'와 '기회'로 분류하였으며, 리스크는 불확실성에서 기인되는 부정적 영향이고, 기회는 불확실성에서 기인되는 긍정적 영향이라고 했다. 기업은 어떤 리스크와 기회가 잠재되어 있는지 결정함과 동시에 이를 다루기 위한 조치를 기획하여 실행하고, 그 실행과정이 효과적으로 이루어졌는지까지 평가하여야 한다. 여기에 리스크의 회피, 기회를 잡기 위한 리스크의 감수, 리스크 요인 제거, 발생가능성 또는 결과의 변경, 리스크의 공유, 정보에 근거한 의사결정에 의한 리스크 유지가 포함된다. 기회를 활용하기 위해서는 새로운 실행방안의 수립, 신제품 출시, 새로운 시장 개척, 신규고객창출, 파트너십구축, 신기술활용, 그리고 고객의 니즈를 다루기 위해 실행 가능한 방안으로 이어져야 한다.

이때 최고경영자의 의지와 실행력, 리더십은 품질경영시스템을 위해 이슈와 관련된 리스크 및 기회를 파악하고, 각각에 대한 대응 조치를 기획하고 실천하여 리스크를 감소시키거나 없애고, 기회는 증진시켜 나가기 위해 중요한 요소이다. 갈수록 어려워지는 기업의 경영환경 속에서 지속가능한 성장을 목표로 한다면 최우선적 경영 전략은 품질관리이다. 이제 그 품질경영으로 승부하라!

이제는 환경경영이다!
환경경영시스템을 구축하라

'○○산업은 환경친화적 기업으로 도덕적 책임을 준수하고, 사회적 책임을 다하며 환경경영을 실천해 가겠다. 이를 위해 환경경영시스템을 갖추고, 국제표준인 ISO14001인증을 획득했다'라거나 '△△사는 지속적으로 환경성과를 개선하는 경영활동을 위해 국제표준화기구(ISO)에서 제정한 환경경영시스템 국제표준인 ISO14001인증을 받았다'는 기업홍보 관련기사는 무엇을 의미하는 것일까?

이는 기업이 환경경영을 전략적 기업방침으로 삼고, 구체적인 목표를 정한 뒤 이를 달성하기 위하여 조직, 절차 등을 규정하고 인적, 물적 자원을 효율적으로 배분해 조직적으로 관리하고 지속적인 환경개선을 실천한다는 것이다. 즉, 조직의 제품 및 프로세스에 환경시스템을 구축하고, 기업 활동 전반에 걸쳐 환경경영을 얼마나 실시하고 있는지에 대해 인증기관의 표준요구사항을 모두 충족시키는지를 종합적으로 평가해 부여받는 국제표준인증을 통해 기업이 환경경영체제를 대내외적으로 공고함으로써 친환경적 경영을 선도한다는 것이다.

그렇다면 기업이 품질관리시스템을 통한 품질경영으로 제품의 품질을 보장하는 것과 함께 환경관리시스템을 구축하고 환경경영을 성공적인 기업경영의 전략과 핵심가치로 삼아야 하는 이유는 어디에 있을까? 다시 말해 왜 기업들은 제품을 생산하고 판매하는 경영활동에 환경관리시스템을 도입하고, 복잡한 인증과정을 거치면서까지 환경경영을 내세우고 있는 것일까? 그 해답을 찾기까지는 많은 시간이 걸리지 않는다.

환경이란 생물체와 생태군집에 작용하여 궁극적으로는 이들의 형성과 생존을 결정하는 물리적·화학적·생물학적 요인들의 복합체로서 특히 물리적 환경인 대기, 기후, 물, 토양의 환경유지 및 개선으로 생물체의 더 나은 삶을 위한 생태계보호가 요구되며, 환경오염을 막고, 깨끗한 대기환경, 건강한 물과 토양의 보존으로 지속가능한 환경을 만들어 가야 한다.

그러므로 환경의 중요성에 대한 인식은 한 사람, 한 지역의 문제를 넘어 한 국가와 지구촌 전체의 문제로 대두된 지 오래되었고, 따라서 개인의 생활과 기업의 산업 활동이 지구촌 환경에 미치는 영향에 대해 전 세계가 높은 관심을 가지고 있으며, 환경문제를 야기하는 기업에 대해 각 국가와 환경단체의 압력과 영향력이 갈수록 높아지고 있다. 환경과 관련된 좀 더 확장된 경영전략의 중요성은 이 책의 제3장, '지속가능한 경영'에서 다룰 것이다. 요즈음 뜨거운 감자로 급부상한 새로운 기업경영 트렌트전략의 선두에 놓인 'ESG경영'이라는 주제에서 환경경영과 연관된 종합적인 경영전략에 대한 필요성을 자세히 다루겠으며, 이 장에서는 환경관리시스템에 좀 더 집중하려고 한다.

환경경영이란 기업의 고유한 생산활동에 따라 생기는 환경 파괴를 최소화하면서 지속가능한 발전을 모색하는 필수적인 경영전략이며, 이를 위해 전사적으로 전과정에 적용되는 체계가 절실하다. 즉, 품질경영을 위해 품질관리시스템이 필요하듯이, 환경경영을 위한 환경관리시스템을 구축하여 기업 활동 중 발생하는 부정적 환경 영향을 최소화해야 한다. 그리고 이에 따른 세부 목표와 추진조직, 임무, 절차 등을 규정하여 경영 자원을 효율적으로 투입하고 조직적 관리를 확고히 해야 한다. 더구나 국내는 물론이고 글로벌 기업으로 성장하는 경영활동을 위해서는 제품의 생산과 판매과정에서 환경을 고려하지 않거나, 소홀히 해서는 안 된다. 환경에 위해를 가하지 않는 것을 넘어서, 환경을 보호하는 친환경적인 생산관리시스템을 요구하기 때문이다.

왜냐하면 이미 국내외적으로 환경관련 법이 갈수록 강화되고 있고, 그에 따른 제한이나 규제가 점점 확대됨에 따라 환경정책이나 관련기준을 준수해야만 정상적인 기업 활동으로 시장에서 살아남을 수 있기 때문이다. 반대로 환경관련 법적요건을 충족하지 못하거나 준수의무사항을 어기면 아예 기업 활동 자체를 시도하지 못하거나 제품이 시장에 진출할 수 없게 된다. 또 시장에 진출했다고 해도 소비자, 기업 또는 정부 관련기관, 나아가 해외의 고객들에게까지도 부도덕한 기업으로 낙인이 찍히거나 불량제품을 생산하는 나쁜 기업이라는 평판을 얻게 돼 안정적인 성장을 계속하기 위한 매출증대를 기대할 수 없게 되었다.

이러한 환경경영의 필요성을 좀 더 인식하기 위해 이와 관련된 국제적 환경규제와 환경법규 및 법령에 관련된 발전과정을 참고해보면 그 필요성은 더욱 절실해진다. 먼저 이와 관련된 국제협약들을 살펴보면, 1992년 리우데자네이루의 유엔환경회의(UNCED)에서 채택된 '기후변화협약(UNFECCC)'에서는 형평성, 공통성, 그러나 차별화된 책임 및 개별국의 능력원칙에 따라 선진국과 개도국에 다른 종류의 기후변화 대응의무를 부과한다는 내용을 발효시켰다. 그후 1992년 교토에서 채택된 '교토의정서'에서 그 협약을 구체화했는데, 온실가스를 정의하고, 선진국에 구속력 있는 온실가스 감축목표를 부과하고, 이에 대한 시장메커니즘을 도입하여 기후변화의 주범인 7가지 온실가스(이산화탄소, 메탄, 아산화질소, 수소불화탄소, 과불화탄소, 육불화황, 삼불화질소)를 규정했으며, 2008~2012년까지 평균 5.2퍼센트 감축의무를 부과했다. 그 후 2015년 '신기후변화체제 협상'에서는 교토의정서에 기반해 기후변화 대응체제의 한계를 극복하고, 선진국과 개도국이 모두 참여하는 2020년 이후의 새로운 기후변화체제를 마련하였다.

거기에 최근 들어 부쩍 늘어난 기상이변과 기후재해가 환경오염으로부터 기인되었다는 자각과 함께 이례적으로 지난해부터 세계적으로 창궐하고 있는 코로나19 바이러스의 대유행을 겪으면서 지구와 지구의 생명체, 인류를 위한 환경보호의 절실함을 마주하게 되었다. 올해 들어 더욱 빈번히 열리고 있는 국가정상들의 환경관런 국제회의와 협약들을 통해 '2050 탄소중립'을 실현하기 위한 노력들과 녹색기술 및 녹색산업의 중요성을 피력하고 있는 것만 보아도 그 당면과제에 기업들이 지금부터는 더욱 적극적으로 보조를 맞춰야만 성장목표를 달성할 수 있음을 쉽게 알 수 있다.

이와 함께 국제적 환경규제들도 강화되고 있는데, EU에서 발표한 특정위험물질 사용제한지침인 RoHS(Restriction of Hazardous Substances)는 2008년부터 모든 전기전자제품의 생산 공정 전과정에 납, 수은, 카드뮴, 6가 크롬, 브롬계 난연제 등 중금속 유해물질 사용을 금지하는 내용을 담고 있다. 또 EU에서 제정해 2012년 8월부터 시행되고 있는 폐가전제품의 의무재활용에 관한 규제인 WEEE(Waste Electrical and Electronic Equipment)는 전기전자제품 관련 환경개선으로 재사용, 재활용 및 재생을 통한 폐기물 최소화를 목적으로 생산자의 회수원칙을 포함하고 있다.

이러한 국제적 규제에 따라 국내환경법규체제도 당연히 강화되었다. 환경정책기본법에 배출 및 규제관리로 특히 대기, 수질, 폐기물 등에 대해 명시했으며, 최근에는 친환경 상품구매촉진, 오염물질 총량관리제도, 재활용촉진에 관한 법률, 탄소배출권 거래까지 필요에 따라 신설되거나 재정비하며 국제적 환경이슈에 대응해 가고 있다. 그러므로 건강한 기업 활동을 펼쳐 나가기 위해서는 환경경영개념을 더 이상 뒤로 미루거나 소홀히 할 수 없다는 시대적 요구를 이해하고, 하루빨리 환경경영시스템을 수용해야 하며, 정규적·지속적으로 관리해야만 한다.

즉, 기업경영자는 환경문제를 기업의 책임과 의무, 기업의 생존과 지속가능한 개발로 인식해야 한다. 환경경영의 원칙을 정립하고, 그에 대한 투명성과 신뢰성을 확보함으로써 관련된 리스크를 제거하고 최소화하거나 예방해야 한다. 그린마크, 녹색광고의 출현, 환경친화적 제품을 선호하는 그린소비자, 기업과 정부기관의 녹색산업 활성화 정책 및 그린제품구매에 따라 기업평가 시 가산점적용이나 우선대상이 되고, 환경관련 R&D 사업화에 대한 지원이 증가할 것이다. 또 국제무역에서는 환경협약이나 규제를 얼마나 준수하느냐에 국제시장 진출 가능성과 성공여부가 달려있다고 해도 과언이 아니다. 이처럼 환경제품을 개발하고 환경측면을 적극적으로 고려하는 기업이 생존과 성장을 계속할 수 있는 경영환경이 조성되고 있다.

1. 환경경영의 원칙 정립
2. 환경경영의 투명성과 신뢰성 확보
3. 국내외적으로 강화되는 환경법규 준수
4. 환경 리스크 제거, 최소화 및 예방
5. 조직원의 환경책임 강화와 환경인식 향상
6. 기업 평가시 가산점 부여
7. 그린산업, 그린제품으로 그린소비자에게 인식 강화
8. 국제무역, 세계시장에서의 경쟁력 확보

[표 2-4] 환경경영시스템의 필요성

이렇게 환경경영의 필요성과 목표를 달성하기 위해서 기업이 종합적이고 계획적이며 체계적으로 관리하는 일련의 체계를 갖춘 환경경영시스템(EMS: Environmental Management System)을 구축하고 이를 실행했을 때의 효과는 다음과 같이 기대해볼 수 있다. 첫째, 환경경영방침과 목표대비 성과분석을 통한 목표의식 고취, 둘째, 생산재료 및 에너지 절감으로 효율적 경영, 셋째, 환경실적의 향상과 원가절감으로 경쟁력 향상, 넷째, 환경법규 및 규제에 대응하기가 용이, 다섯째, 경영시스템의 객관적 검증으로 신뢰성 향상, 여섯째, 비상사태 발생 시 신속대응능력 배양, 일곱째, 환경친화적 기업이미지 제고 등이다.

1. 방침, 목표대비 성과분석을 통한 목표의식고취
2. 생산 원·부재료 및 에너지 절감
3. 환경실적의 향상과 원가절감으로 경쟁력 향상
4. 환경법규 및 규제에 대응용이
5. 경영시스템의 객관적 검증으로 신뢰성 향상
6. 비상사태 발생시 신속대응능력 배양
7. 환경 친화적 기업 이미지 제고

[표 2-5] 환경경영시스템 구축 후 기대효과

이제 환경경영시스템을 구축하고 환경경영인증을 위한 국제표준화기구(ISO)의 환경경영시스템 국제표준 ISO14001에 대해 소개하고자 한다. 이는 산업 활동 시에 불가피하게 발생하는 환경오염, 에너지사용 및 천연자원 소모를 최소화하여 기업의 경영합리화는 물론 계속 강화되고 있는 환경법규에 능동적으로 대처하고 국제적 환경규범에 의해서 환경친화적 산업 활동을 수행한다는 것을 국내외적으로 선언, 기업의 경쟁력을 강화시키는 제도이다. ISO14001은 1996년 국제환경경영체제 규격을 제정, 2004년에는 기존규격의 명확성을 증대시켰으며, 2015년에 조직상황을 반영하고 전과정 개념을 도입해 개정되었다. 따라서 본 항목에서는 가장 최신규격인 ISO14001:2015에 대해 말하고자 한다.

다시 말하면 ISO 환경경영시스템(EMS) 도입과 인증은 기업의 환경친화 여부를 가장 객관적으로 입증할 수 있는 근거가 되며 국제시장에서의 환경경영에 대한 압력에 대비할 수 있는 요소이다. 환경오염에 대한 기업의 책임이 점점 더 확대되고 있고, 환경의 중요성 증대에 따른 소비자 환경의식의 개선으로 환경친화기업이나 환경친화제품에 대한 호감도 증대로 기업경영에 필수전략이 되었다. 현재 국제적인 통상에 있어 품질경영시스템뿐만 아니라 환경경영시스템 인증요구가 전 산업분야로 확대되고 있는 상황이며, 일부 산업분야에서는 강제적인 요구를 함으로써 사업의 시작과 경영의 중요한 요소로 작용하고 있다. 따라서 ISO14001:2015에서 환경경영시스템이 추구하는 목적은 다음과 같다. 환경오염 예방과 산업폐기물의 극소화, 산업폐기물로 인한 영향 감소, 자원의 재활용과 유해물질 사용의 억제 그리고 종업원, 고객, 공급자에 대한 교육을 목적으로 한다.

1. 오염의 예방
2. 폐기물의 극소화
3. 폐기물의 영향감소
4. 자원의 재활용
5. 유해물질 사용의 억제
6. 종업원, 고객 및 공급자의 교육

[표 2-6] 환경경영시스템의 목적 ISO14001:2015

그러면 ISO14000 환경경영시스템(EMS)에 대해 좀 더 알아보자. 각 국가마다 많은 환경법규가 있는데, 그 규제와 영향력에 대해 국제적으로 통일된 규정이 필요하였고, 이에 국제표준화기구인 ISO에서 국제규격을 제정하였다. 이는 ISO9000과 더불어 조직의 경영시스템 인증분야의 대표적인 규격 중의 하나이다. 그리고 ISO14000에는 환경경영시스템, 환경감사, 환경표지(Eco-Label), 환경영향평가, 제품 전과정평가(LCA: Life Cycle Assessment)등이 포함되어 있는데, 규격 번호가 모두 14000대이기 때문에 ISO14000시리즈라 부른다.

ISO14001은 환경경영시스템의 표준으로 환경경영을 위한 조직구조, 책임, 절차, 공정 및 경영 자원 등의 모형을 제시한다. 이 규격은 조직이나 기업의 국내 환경법규, 국제 환경관련조약 준수는 물론이고 환경방침, 환경경영목표, 추진계획, 실행, 운용, 점검, 시정조치, 개선 등의 환경경영 프로세스가 얼마나 인증요구사항에 맞는지를 심사하여 인증한다. 즉, 조직의 제품 및 프로세스에 대해 환경경영시스템 구축을 요구하며, 구축된 시스템이 규격의 요구사항을 충족시키고 있는지를 인증기관이 인증절차에 따라 심사하게 되는 것이다.

그러므로 환경경영시스템은 환경친화적 기업으로서 고객의 신뢰감을 향상시키고, 환경 비용의 절감, 즉 폐기물 감량, 원부자재 절감, 에너지 절약을 가능케 하며, 재해 및 환경사고에 대한 대비로 리스크 예방과 각종 인허가 획득을 용이하게 한다. 또 지역사회와 우호적인 관계증진을 통해 기업의 긍정적 이미지 및 인식강화로 시장 점유율 상승, 연관업계와 정부기관과의 관계개선에 영향을 미치므로 성공적인 기업경영을 위한 필수시스템이다.

그렇다면 ISO14001인증대상은 어떤 기업일까? 이 규격의 적용범위는 제조, 건설, 서비스, SW업뿐만 아니라, 학교 및 지방자치단체와 같은 공공서비스 분야에 이르기까지 모든 산업분야에 걸쳐 모든 규모의 조직에 적용된다.

인증 취득을 위해서는 조직이나 기업이 ISO규격에 맞게 환경경영시스템을 구축 후 인증기관으로부터 객관적인 심사절차를 거치게 된다. 인증 절차를 단계별로 알아보면 인증대상 신청기업→인증기관에 인증문의 및 신청→인증심사 계약 및 비용납부→문서심사 및 현장심사→부적합사항 시정조치 및 확인심사→검토처리 후 인증 획득이다. 그리고 이 과정에 대한 규정된 기간은 없으며 1단계 심사 및 2단계 심사에서 발생하는 부적합사항에 대한 시정조치 대응

기간, 인증기관에서의 검토처리 기간 등에 따라 전체 소요기간에
차이가 있다. 통상적으로 인증서 발급까지 1~2개월 정도 소요된다.

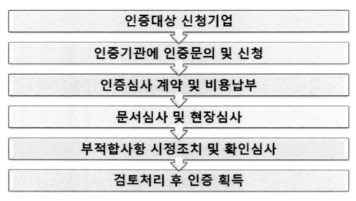

인증대상 신청기업
⇩
인증기관에 인증문의 및 신청
⇩
인증심사 계약 및 비용납부
⇩
문서심사 및 현장심사
⇩
부적합사항 시정조치 및 확인심사
⇩
검토처리 후 인증 획득

[그림 2-7] ISO14001:2015 환경경영시스템 인증절차

지금까지 알아본 바와 같이 ISO14001 환경경영시스템(EMS)의 인
증은 조직과 기업이 환경 리스크를 관리하기 위해 필요한 시스템과
프로세스를 수립할 수 있는 기틀이 되고, 이를 철저히 실행한다면
오히려 기업경영에 소요되는 운영비용을 절감하고, 자원을 효과적
으로 관리하며, 환경성과의 개선에 대한 의지를 대내외적으로 표명
할 수 있다. 그 외에도 비상사태를 방지하여 사고예방과 손실감소
및 법적 규제인 준수의무사항을 이행하게 됨으로써 징벌에 따른
기업 활동 중단을 사전에 방지하고, 뿐만 아니라 쾌적한 업무 환경

을 제공하여 업무 생산성이 높아지는 것도 당연한 결과일 것이다.

  다시 한번 강조하지만, 기업 활동 중 발생하는 부정적인 환경영
향을 최소화하면서 지속가능한 발전을 도모하는 환경경영전략을
효과적으로 시스템화함으로써 단기적으로는 조직이나 기업이 환경
시스템을 구축하는 과정의 에너지나 폐기물 비용을 감소시킬 수
있고, 환경관련 리스크를 감소시키며, 지역주민과 공공기관과의 유
대관계를 강화시키고 장기적으로는 국제시장에서 국제환경규제와
기준을 준수하고 있다는 근거가 되므로 상대적인 우위확보로 경쟁
력을 키울 수 있는 장점으로 작용하게 된다. 그리고 이제 이것은
점점 의무사항이 되고 있다. 그러므로 환경관리시스템 구축을 통
한 환경경영은 더 이상 미뤄두거나 외면할 수 없는 기업의 당면과
제라고 하겠다.

안전보건경영시스템으로
산업현장을 지켜내자

　'안전하고 건강한 ○○회사 만들기'라는 노사 공동선언으로 강화
된 산업안전보건법을 준수하며 근로자의 안전할 권리 보장을 위하
여 '안전최우선'을 최상위 핵심가치로 변경하고 안전중심 경영체계
로의 전환을 추진하였다거나, "장시간 옥외에서 일하는 노동자들에
게는 마스크 지급, 휴식 등 적절한 건강보호조치가 필요하며 원청
의 책임하에 안전관리에 최선을 다해줄 것"을 규정했다고도 한다.
또 "△△평가원은 공공기관 최초로 '안전보건경영시스템'을 인증받
았으며, 안전중심경영의 실효성과 지속가능성을 위해 국제표준인증
기준을 도입하고, 산업재해와 안전사고 예방·관리를 위한 체계적
프로세스를 구축·운영했으며 이를 계기로 근로자와 이용객의 안

전과 생명보호의 동력을 확보했다"고도 한다. 이러한 소식들은 제조, 건설, 서비스 등 분야를 막론하고 다양한 산업현장에 있는 사람들, 즉 근로자는 물론 고객까지도 재해로부터 안전하게 건강을 지키는 것이 얼마나 최우선과제인가를 가늠하게 한다.

이런 소식도 있다. '대한민국 유망중소기업 □□분야 우수기업으로 선정된 ◇◇기업은 지난해 달성한 ISO9001, ISO14001에 이어 이번에 ISO45001까지 경영시스템인증 3관왕을 달성하는 쾌거를 낳았다'라며 앞으로도 현장에서 근로자의 안전을 최우선으로 하여 계속 근무하고 싶은 행복한 회사가 되도록 경영방침을 정했다고 한다. 이제 우수한 품질관리는 기본이고, 환경관리를 넘어 안전보건까지 책임지는 경영시스템 구축이야말로 기업의 효과적인 목표달성과 효율적인 자원관리를 가능케 하고 지속가능성을 높여주는 핵심전략이 되었다.

그런데 안전보건(安全保健)은 '완전하게 평안함으로 건강을 지키는 일'로 해석할 수 있듯이 전체가 완벽해야 된다는 것으로 모든 근로자의 전체 작업공정에서 무사고를 위한 철저한 대비와 관리가 요구된다. 안전을 최우선시하는 리더십이 요구되며 안전한 환경 조성으로 사고위험이 없도록 설비를 갖추고, 근로자들에 대한 안전수칙

교육과 실천을 강조하고, 불의의 사고에도 그 피해를 최소한도로 줄일 수 있도록 보호 및 구호 장치를 해놓아야 한다.

　그러므로 안전보건관리는 인간존중의 이념을 토대로 사업장내 사고의 요인을 정확히 파악 후 이를 배제하여 재해발생을 미연에 방지함은 물론 부득이하게 발생한 재해도 적절한 조치와 대책을 강구하는 조직적이고 과학적인 관리체계다. 나아가 기계와 설비의 손실 및 생산활동의 저해 등 물질적, 경제적 손실방지를 통하여 기업의 생산성 향상에 기여하게 되며, 기업에 관련된 대외이미지와 평판과 관련된 신뢰성 등 기업 활동에 중요한 의의를 갖는다.

　이처럼 다양한 산업현장의 안전보건은 산업재해사고와 깊게 연관되어 있다. 이러한 산업안전보건을 도모하기 위해 기준을 정하고, 책임의 소재를 밝히며 재해예방 환경을 조성하기 위해 우리나라에서는 1981년 산업안전보건법이 제정된 이래 산업 환경의 변화에 따라 여러 차례의 개정을 거쳐 시행되어 왔다. 산업안전보건의 주체인 정부와 사업주, 근로자 및 노무를 제공하는 자의 책임과 의무를 규정하고 위험 예방을 위한 안전담당관을 두어 관리와 교육이 실천되도록 했다. 그러다가 2020년 1월 16일 전면개정 시행된 이른바 '김용균법'에서는 법에 적용되는 근로자, 즉 보호대상인 '사람'에 대한 범위가 대폭 확대되었고, 산업현장의 장소 및 물질적 적용범위의 확대를 통한 제재와 책임범위가 대폭 강화되었지만, 그 이후로도 다양한 산업현장에서 작업 중 발생하는 중대재해나 사망사고가 끊이질 않고 있다. 오죽하면 공영방송 뉴스프로그램의 한 코너로 '일하다 죽지 않게'라는 시리즈가 진행될 만큼 그 심각성은 커지고 있지만, 크게 개선되지 않은 작업조건은 지금 이 시각에도 노동자들의 생명과 안전을 위협하고 있다.

그리고 마침내 2021년 1월 8일 국회 본회의를 통과한 중대재해기업처벌법(重大災害企業處罰法)은 중대한 인명 피해를 주는 산업재해가 발생했을 경우 사업주에 대한 형사처벌을 강화하는 내용을 핵심으로 한 법안이다. 이 법에 따르면 안전사고로 노동자가 사망할 경우 사업주 또는 경영책임자에게 1년 이상의 징역이나 10억 원 이하의 벌금을, 법인에는 50억 원 이하의 벌금을 부과할 수 있다. 또 노동자가 다치거나 질병에 걸릴 경우에는 7년 이하 징역 또는 1억 원 이하의 벌금에 처해진다. 단, 5인 미만 사업장 등은 적용 대상에서 제외됐다. 사업주·경영책임자에 위험방지의무를 부과하고, 의무를 위반해 사망·중대재해에 이르게 한 때 사업주 및 경영책임자를 형사처벌하고, 해당 법인에 벌금을 부과하는 등 처벌수위를 명시하고 있다. 현행 산업안전보건법이 법인을 법규 의무 준수 대상자로 하고 사업주의 경우 안전보건 규정을 위반할 경우에 한해서만 처벌을 하는 데 반해, 중대재해기업처벌법은 법인과 별도로 사업주에게도 법적 책임을 묻는다는 데 우선 차이가 있다. 다만, 아직까지는 5인 미만 사업장에서는 중대산업재해에 관한 규정이 적용되지 않는다. 이에 대한 문제를 제기하는 목소리도 높아지고 있으며, 사실 소규모 기업의 산업현장이 더 열악하고 안전에 위해한 환경들이 더 많다는 것에 깊이 공감하고 있는 것도 사실이다. 그래서 산업재해가 더 빈번히 발생할 가능성이 높다는 것이다.

여기서 '산업재해'란 작업환경 또는 작업행동 등 노동 과정에서 업무상의 일로 인해 입는 노동자의 신체적, 정신적 피해를 말하는 것으로 산업현장에서는 기업의 경영방침에 따른 경영관리시스템이 얼마나 잘 갖추어져 있는지, 그리고 실제 그것이 잘 작동하고 있는지는 산업재해의 예방과 손실의 최소화, 그리고 경영목표달성에 매우 중요한 영향을 미친다.

한 예로 우리에게 익숙하게 알려진 '안전제일'이라는 말의 유래가 바로 그 사례다. 20세기 초, 미국 최대철강회사 U. S. Steel의 게리 (E. H. Gary)사장의 일화다. 철판사고로 사망한 근로자를 조문하는 중 만난 유족의 고등학생 딸이 "회사는 만 명의 근로자 중 하나를 잃었지만, 가족은 전부를 잃었다"는 호소를 듣고, 그때까지 이어져 온 회사의 '생산제일, 품질제이, 안전제삼'의 운영방침을 '안전제일, 품질제이, 생산제삼'으로 바꾸게 되었다. 그 결과 현저한 재해감소는 물론 품질향상, 생산성 향상을 가져왔다. 이처럼 안전사고는 경영방침, 리더십과 연관성이 깊다. 작업장에서 일하다가 다칠 수 있다는 불안감을 가지고 있고, 실제 사고를 당하는 동료를 보게 되는 근로자들의 업무몰입과 생산효율성을 기대할 수는 없다. 즉, 안전이 보장되는 현장에서 좋은 품질과 생산성 향상은 당연하므로 안전경영과 안전리더십은 품질과 생산을 위한 우선요소이다.

그런데 우리나라는 OECD 회원국가 중 산재사고, 특히 사망사고율에 있어서 상위권에 있다. 지난해 산업재해로 인한 사고사망자가 전년 대비 3.2% 증가한 것으로 조사됐다. 고용노동부의 통계에 따르면 2020년 산재 사고사망자는 882명으로 2019년에 비해 27명(3.2%) 증가했는데, 이러한 산업재해는 개인은 물론 가족, 사회, 그리고 국가에 큰 비극을 초래하고 있으며, 국제적으로도 우리의 산업현장 안전관리의식을 매우 낮게 평가하는 요인이 되며 대외적인 신뢰도 감소요인이 되고 있다.

이에 고용노동부에서는 2021년 사고사망 20% 감축을 위해 전부처의 역량을 집중하여 산재 사망사고 감소를 추진해 나가기로 했다고 발표했다. 특히 "가장 중요한 지상과제로 '떨어짐', '끼임' 등으로 인한 사망사고 감축을 위해 전력을 다할 것"이라며, "사망사고가 다발하는 건설·제조 사업장에 대해서는 밀착관리하고, 안전관리 불량 사업장 대상으로 촘촘한 지도·감독을 실시 중이며, 분석 자료를 바탕으로 지역별 맞춤형 대책을 수립하는 등 산재 사망사고 감소 대책의 효과가 극대화될 수 있도록 노력할 것"이라고 한다. 그러면서 기업도 2022년 중대재해기업처벌법 시행에 대비하여 안전보건관리체계를 구축하는 원년이 되도록 안전경영 확립에 노력해 주길 당부한다고 했다.

이제 우리의 산업현장에서도 자율적으로 체계적인 안전보건경영 시스템을 갖추고, 사업장에서의 재난 및 안전사고 예방을 철저히 함으로써 근로자들이 보다 안전한 환경에서 근무할 수 있도록 해야 한다. 기업이 안전경영체계를 구축하는 것이 곧 기업의 안정적인 성장의 밑거름이 된다는 것에 아무도 반론을 제기할 수 없을 것이다.

그러면 안전보건체계 구축을 위한 공식적인 경영시스템에 대해 알아보겠다. 안전보건경영시스템(OHSMS: Occupational Health &

Safety Management System)이란 '기업이나 조직이 산업재해를 예방하고 쾌적한 작업환경을 조성할 목적으로 근로자의 안전보건을 유지·증진하는 데 필요한 산업재해 방지목표를 정하고, 이를 달성하기 위하여 조직, 책임, 절차를 규정한 후 기업 내 물적, 인적 자원을 효율적으로 배분하여 조직적으로 관리하는 경영시스템'을 말한다. 이 시스템을 이해하기 위해 단계적으로 접근할 필요가 있고, 그것은 다음과 같다.

먼저 'OHSAS18001(Occupational Health and Safety Assessment Series18001)'이다. 모든 사고의 70%이상이 관리적인 조치만으로도 예방이 가능하다는 1993년 영국 안전보건청의 연구결과를 토대로 안전경영체계에 대한 기준수립이 시작되어 1996년 BS8800이라는 안전보건 가이드규격이 만들어졌고, 표준규격에 의거 제3자 심사를 통한 인증을 요구하는 고객요구에 부응, 1999년 유럽 13개 인증기관 컨소시엄으로 단체규격 OHSAS18001을 제정하였다. 즉, 품질에 대한 인식증가로 1987년 ISO9001(품질경영시스템) 탄생 이후, 산업가속화에 따른 환경오염 증가로 1996년 ISO14001(환경경영시스템), 그리고 산업재해로 인한 문제, 즉 안전보건에 대한 요구의 증가로 1999년 OHSAS18001이 탄생한 것이다.

OHSAS18001규격에 의한 안전보건경영시스템은 중대사고 위험성을 단기간 내 현저히 감소시킬 수 있고, 사고나 생산중단으로 야기되는 물적 손실감소와 소송 등의 법규적인 문제에 능동적으로 대응할 뿐만 아니라, 작업장 내의 안전에 대한 신뢰감 향상과 기업의 사회적 이미지 제고 등의 여러 가지 효과가 있다. 즉, 안전보건상의 유해 및 위험요인을 지속적으로 파악하고 리스크 관리를 통하여 사고발생을 원천적으로 봉쇄하거나 최소화하며, 법률준수와 전반적인 안전보건상의 성과개선을 통해 안전하고 건강한 작업환경을 조성하여 고객 및 이해관계자 만족을 추구할 수 있게 된 것이다.

그리고 이 OHSAS18001은 마침내 2018년, 국제규격인 ISO45001로 제정되기에 이른다. 그러므로 이전에 OHSAS18001규격으로 안전보건경영시스템 인증을 받았다면 3년간(2021년까지)의 유예기간 동안 'ISO45001:2018'인증으로 전환해야 한다. 기존 OHSAS18001과 ISO45001의 가장 큰 차이점은 OHSAS18001은 위험 및 기타 내부문제관리에 중점을 두는 반면, ISO45001은 조직과 경영환경 간의 상호작용에 초점을 둔다. 즉, ISO45001의 새로운 요구사항은 근로자와 대표자를 위한 보다 긴밀한 협의 및 참여요구사항과 외주처리 프로세스 및 계약자, 근로자에 대해 더 많은 책임을 요구하고 있다. 즉, 관리직의 책임을 더욱 강조하고 있으며, 포함영역도 해당 기업의 사람 이외에도 조달 및 도급, 협력업체의 다양한 방식으로 고용된 인원들까지 대상에 포함하고 있다. 여기에서 주목할 것은 2020년 1월 16일 시행된 우리의 산업안전보건법도 바로 이에 기초를 두고 있음을 알 수 있다. 다시 말해 우리의 산업안전보건법도 이 국제규격에 맞추어 최소한의 법령을 갖춰 가고 있는 것이다.

지금부터 ISO45001에 대해 좀 더 자세히 알아보자. 기업이 자율적으로 안전 및 보건과 관련된 재해를 사전예방하기 위해 안전보건경영시스템을 구축하는 것은 정기적으로 위험도를 자체 평가하여 위험도에 따른 지속적인 개선을 가능케 한다. 그리고 이를 통해 작업자에게 안전하고 쾌적한 작업환경을 제공함으로써 조직상황에서 발생하는 모든 관련위험요인들에 대하여 관리하도록 하여 조직의 성과개선에 도움을 준다. 즉, 표준화된 프로세스를 정립, 관리하여 경제적 손실을 방지하고, 직원의 생산성 향상을 위한 안전보건 목표달성을 위하여 지속적으로 안전하고 쾌적한 작업환경을 추구하는 것이다. 이렇게 안전한 환경으로 품질향상을 위한 경영시스템을 갖추고 있는지를 국제규격에 의거, 심사하여 인증해주는 제도이다.

따라서 조직의 규모, 유형, 활동과 관계없이 모든 조직에 적용된다. 작업환경과 근로자의 복지가 결국 모든 산업현장의 효율을 높여주기 때문에 제조현장뿐 아니라 소비재와 서비스업체들까지 기존 안전관리자 중심의 안전 활동에서 조직(회사)의 모든 사람이 참여하는 안전 활동으로, 발생 가능한 위험을 사전에 예측하여 예방 활동을 함으로써 조직원의 안전, 건강을 지켜내고 궁극적으로는 생산성 향상으로 기업의 이윤 창출을 돕는다는 것이다.

그러므로 안전보건경영시스템의 도입 필요성은 다음과 같이 정리할 수 있다.

① 국내외적 추세: 안전보건을 우선시하는 기업의 경쟁력이 강화되어 가는 국내외적 기업 생존조건 추세에 대한 능동적 대처

② 안전보건 측면: 사고로부터 근로자의 생명과 재산을 보호하기 위해 상존하는 안전보건 리스크의 지속적인 감소를 위해 필요

③ 재정적 측면: 산재보험율의 감소와 위기상황의 불식으로 신뢰감을 향상시켜 이해관계자에게 투자에 대한 안정감 제공

④ 사회적 측면: 고객 및 일반 대중의 안전에 대한 욕구증대에 부응하고, 안전사고에 의한 사전·사후조치로 긍정적 기업평판 획득

⑤ 법규정적 측면: 국내외 안전보건에 대한 법규준수와 시민단체, 국제 노동계 등의 감시 강화에 대한 적극적 대처

국내외적 추세	국내외적 기업의 생존조건 추세에 대한 능동적 대처
안전보건 측면	상존하는 안전보건 리스크에 대한 지속적인 감소
재정적인 측면	산재보험율 감소, 이해관계자의 투자에 대한 안정감
사회적인 측면	안전사고에 의한 사전/사후조치로 긍정적 기업평판
법규적인 측면	국내외 안전보건에 대한 법규준수, 감시 강화 대처

[표 2-7] 안전보건경영시스템의 필요성(ISO45001:2018)

이러한 필요성에 따라 안전보건경영시스템이 추구하는 목적은 다음과 같다.

첫째, 안전보건 리스크를 관리하기 위한 기틀을 제공하기 위함이고, 둘째, 근로자의 상해 및 질병을 예방하고 안전하고 건강한 작업공간을 제공하는 것이며, 셋째, 조직이 효과적인 예방 및 보호조치를 취함으로써 안전보건 리스크를 제거하거나 최소화하는 것이다.

1. 안전보건 리스크를 관리하기 위한 기초 틀을 제공
2. 근로자의 상해 및 질병예방과 안전하고 건강한 작업공간 제공
3. 효과적인 예방 및 보호조치로 안전보건 리스크를 제거/최소화

[표 2-8] 안전보건경영시스템의 목적(ISO45001:2018)

그러므로 안전보건경영시스템 구축 후 얻는 기대효과, 즉 기업의 혜택은 다음 표와 같다.

1. 사업장 안전보건관리체계 구축 및 지속적 개선추구
2. 문서화된 관리, 프로세스 정립으로 효과적인 안전보건관리
3. 산업재해율, 작업손실률 감소로 재해보상액 감소, 생산성 향상
4. 다양한 이해관계자에 대한 신뢰성확보 및 사회적 이미지제고
5. 국제무역에서 안전부분의 장벽해소를 통해 수출경쟁력 증대
6. 사업장 환경개선에 따른 불량률 감소, 근로자 사기증진
7. 품질/환경경영시스템과 함께 통합경영시스템 구축 가능
8. 전사적 안전보건경영시스템 참여로 인한 노사관계 안정화

[표 2-9] 안전보건경영시스템 구축 후 기대효과

ISO45001의 규격과 요구사항은 품질/환경경영시스템과 같이 HLS(High Level Structure)을 적용, PDCA(Plan-Do-Check-Act)사이클 즉, 계획 → 실행 → 검토 → 조치의 경영원칙을 기반으로 한다. 이는 안전보건성과를 지속적으로 개선하기 위해 활용되는 반복적인 프로세스로서 리스크와 기회를 파악하고, 조직의 안전보건방침과 일치하는 결과를 만들어내는 데 필요한 목표 및 프로세스를 수립하는 계획, 그에 따른 실행, 모니터링 및 측정, 그 결과를 보고하는 검토, 그 의도된 결과, 즉 목표를 달성해간다는 개념이다.

그런데 이 ISO45001의 성공요인은 무엇보다도 조직상황에 맞는 전략적 운용결정이 바탕이 되어야 하며, 법적요구사항 및 기타요구사항을 준수하고자 하는 최고경영자의 리더십과 의지, 책임 및 책무가 가장 중요하다. 또한 안전보건시스템의 목표달성은 조직의 모든 계층 및 기능의 참여여부에 달려 있으므로 전과정에서의 의사소통이 매우 중요시된다. 따라서 실행과 지속가능성, 효과성 및 의도된 결과, 다시 말해 안전보건목표달성을 위해서는 경영자는 물론 전사적으로 확고한 실천의지와 적극적인 참여가 반드시 이뤄져야 한다.

그리고 ISO45001의 인증획득을 위한 절차는 품질/환경경영시스템의 그것과 다르지 않다. 조직상황에 맞는 안전보건목표를 정하고, 전부서, 전직원의 전과정에서 안전보건경영시스템에서 요구하는 규정과 준수의무사항에 맞는 준비와 안전보건매뉴얼, 업무프로세스 및 지침서 등을 구비하여 1단계 서류심사를 받고, 인터뷰, 현장확인, 기록확인 등의 2단계 현장심사를 받아 인증을 획득하게 된다. 물론 중부적합/경부적합/개선권고사항 등 심사지적사항이 발생하면 그 정도에 따라 조치를 한 후, 최종 인증을 받게 된다.

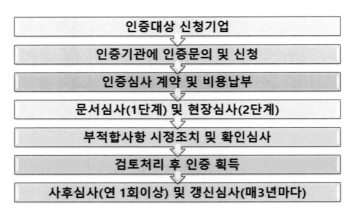

| 인증대상 신청기업 |
| 인증기관에 인증문의 및 신청 |
| 인증심사 계약 및 비용납부 |
| 문서심사(1단계) 및 현장심사(2단계) |
| 부적합사항 시정조치 및 확인심사 |
| 검토처리 후 인증 획득 |
| 사후심사(연 1회이상) 및 갱신심사(매3년마다) |

[그림 2-8] 안전보건경영시스템 ISO45001:2018 인증절차

산업현장에서 안전하고 건강한 작업환경을 조성하여 산재사고의 위험을 줄이는 것은 그 무엇보다도 먼저 갖춰야 할 기본적인 조건이다. 따라서 이제 기업이나 조직은 그 규모, 유형, 활동과 관계없이 모든 산업현장에서 근로자는 물론 이해관계자의 요구와 기대, 조직이 운영하는 상황에 맞는 안전보건경영시스템을 정착시켜야 할 때이다. 그러므로 안전보건에 관한 문제는 비용측면으로 고려되어서는 안 될 것이며, 가장 우선적으로 해야 할 투자측면으로 다뤄져야 한다. 왜냐하면 이제 국내외를 막론하고 산업현장의 안전이야말로 조직의 영속성을 위한 필수요건이 되었기 때문이다. 그래서 묻고 싶다. "지금 당신의 기업과 조직의 현장은 안전한가?" 이제 당신의 기업이 대답할 차례다.

제3장

지속가능한 경영

지속적으로 살아 움직이도록
조직의 역량을 강화하라

"당신의 회사는 지금 살아 있습니까?", 또는 "당신의 조직은 지속적으로 살아 움직이고 있습니까?"라는 질문을 받으면 어떻게 대답할 것인가? 그렇다고 답한다면, 어떤 근거로 그렇게 말할 수 있는가? 만약 그렇지 않다면 그 이유는 또 무엇인가? 지금 당신의 회사, 당신의 조직을 한번 자세히 들여다보고 객관적으로 판단해보라. 기업의 목표를 향해 나아갈 수 있도록 조직이 건강하게 살아 숨 쉬고 있다면 다행이다.

하지만, 혹시 무엇인가 어려움이 생겼다거나 이대로는 지속가능성에 문제가 있다고 느낀다면 그대로 방치하거나 모른 척해서는 안

되겠다. 인정하고 싶지 않더라도, 냉철하게 원인을 진단하고 이를 개선하고 보완하기 위해서 그에 맞는 최적의 대책을 세워 전사적, 전조직적으로 적극적인 실천을 해야 하며, 무엇보다도 중요한 것은 그 시기를 놓치지 말아야 한다는 것이다. 문제가 있음에도 불구하고 덮으려고 한다거나 소멸되기를 바라거나 시간이 지나면서 저절로 상황이 나아지기를 기다리는 소극적인 대응으로는 조직관리에 실패하기 십상이다. 그 실패는 곧 조직전체를 무너뜨리기 쉽고, 기업의 지속가능성을 잃게 할 수 있다.

그런데 조직이 살아 움직인다는 것, 이를 생명체에 비유해보면 적절한 구조적 기반 위에 기능적으로 원활한 신진대사가 이뤄짐으로써 정상적으로 감각하고, 의도한 대로 운동할 수 있음을 의미한다. 특히 내부나 외부에서 일어나는 자극이나 변화가 가감 없이 수용되고, 조직의 최종적인 감각기관이라고 할 수 있는 컨트롤타워까지 빠르고 안전하게 전달되어야 하며, 이를 통합적으로 분석한 후, 최적의 의사결정이 내려지고 다시 운동기관까지 그대로 전해져서 그 효과가 나타나야 한다. 그러기 위해서는 조직 내 다양한 시스템이 유기적이고 통합적으로 작동해야 한다.

그러나 현실적으로 조직의 구조를 완벽하게 짜기는 쉽지 않다.

자원이 풍부하고 시스템이 갖춰져 조직구조가 전문화되고 세분화되어 있으면 좋겠지만, 규모가 작거나 자원이 풍족하지 못한 경우, 특히 창업기업이나 초기조직 또는 그런 미비한 상태로 익숙해져 오래된 상황이라면 무엇보다도 조직구조를 최대한 효율적으로 정비하는 것이 좋겠다.

먼저 조직에서 필요한 직무를 분석한 다음, 직무와 그에 따른 책임을 구체적으로 기술한 직무기술서를 만든다. 그리고 그 직무수행에 필요한 사람의 자격요건, 즉 인적요건을 세세히 명시한 직무명세서를 반드시 작성한다. 만약 이 기초설계가 잘못되거나 미비하다면 부실한 조직이 만들어지거나 비효율적인 조직경영이 될 수밖에 없다. 물론 그 설계에 따른 실제 조직구성은 상황에 따라 유연성을 가질 수 있다. 그러나 어느 한쪽이 비대해져 있거나 반대로 꼭 필요한 요소가 소홀히 다뤄진다면 그 조직은 정상적으로 살아 있지 않게 된다. 잠재적 질병요인이 내재되어 있거나, 이미 증상이 발현되고 있을 것이다. 이러한 경우, 가급적 이른 시기에 구조적 개선부터 하지 않으면 다시는 회복이 불가능한 만성질병으로 심각한 상황에 처해지거나 치명적 중태에 빠질 수 있으며, 어느 날 갑자기 생명을 위협하는 응급상황이 발생할지도 모른다.

그런데 구조적으로 잘 만들어진 조직이라고 하더라도 기능적으로 잘 작동하지 않는 경우도 많다. 즉, 조직이 건강한 생명력을 갖기 위해서는 내부적으로 서로 유기적인 관계를 형성하며 생산적 활동이 이뤄져야 하는데, 그렇지 못한 것이다. 조직전체가 살아 움직이도록 추진력 있는 엔진과 지속적인 에너지공급, 적절한 관리와 조정이 필수적이다. 또 조직의 요소요소에서 가지고 있는 역량을 충분히 발휘하도록 환경을 조성해주고, 숨어있는 잠재력을 끌어올릴 수 있도록 지원한다면 보다 효율적으로 기대하는 목표를 달성할 수 있을 것이다.

이렇게 지속적으로 살아있는 건강한 회사를 만들어야 한다. 경제학자 피터 드러커(Peter Drucker)는 "혁신하지 않는 회사는 나이 들고 쇠약해진다. 특히 오늘날과 같은 급격한 변화의 시대, 기업가의 시대에는 더욱 급속히 쇠약해진다"고 했다. 이처럼 회사나 조직은 시대의 흐름과 상황의 변화에 따라 끊임없이 혁신적인 경영으로 관리하지 못하면 시간이 흐를수록 건강한 혈액에 노폐물이 쌓이고, 유연했던 혈관이 탄력성을 잃어 굳어지는 것처럼 노화되고 만다.

이런 사례를 우리는 어렵지 않게 수없이 목격해 오고 있지 않은가? 설립 초기 상당한 주목을 받던 스타트업 기업이나 창립조직이

성장은커녕, 제대로 뿌리를 내리지도 못하거나, 한때는 건실한 강소기업, 중견기업으로 인정받았거나 글로벌 기업으로 명성을 떨쳤던 세계적인 대기업, 그리고 막강한 권력을 휘두르며 타조직의 부러움을 받았거나 방대한 규모로 그 위엄을 과시했던 유수의 조직들이 더 이상 그렇지 못하고 사라져 가기도 한다. 특히 조직관리의 부실, 인적자원에 대한 경영과 관리의 소홀로 인해 그렇게 되는 경우가 많아 안타깝다.

"어떤 직원을 원하세요?"라고 물으면, 대부분 '주인의식을 가지고, 문제발견과 문제해결능력으로 자신의 직무를 성실히 수행하면서도 동료들과 협업해 가는 사람'이라고 답한다. 직무수행을 위한 지식과 기술, 경험 등 전문성과 인성을 갖춘 사람이 곧 좋은 인재라는 것인데, 아무리 그런 역량을 가진 사람이라고 해도 그 사람 입장에서 보면, 그 역량을 마음 놓고 펼쳐갈 만한 이유가 있어야 하지 않겠는가? 그것을 '동기부여'라고 하며 조직을 구성하는 한 사람 한 사람의 동기부여가 모아지면 조직전체의 동기부여가 된다.

요즈음 코로나19의 장기화로 인해 취업이나 구직의 어려움이 가중되고 있지만, 역설적으로 젊은 세대들의 이직률은 날로 더 증가하는 추세로 나타났다. 특히 'MZ세대(1980년부터 2004년생까지를 일컫는 밀레니얼세대와 1995년부터 2004년 출생자를 뜻하는 Z세대를 합쳐 일컫는 말)'에서는 '평생직장'이라는 개념이 희박해지는 것으로 추측된다.

최근 한국청소년정책연구원이 이 MZ세대라 불리는 청년 3,224명을 대상으로 한 설문조사에 따르면 일을 한 경험이 있는 청년 중 46.0%는 이직경험이 있었고, 이 중 2회 이상 이직한 응답자는 55.5%, 4회 이상 이직을 한 사람도 15.0%였다. 이직 사유로는 '임금 등 사내 복리후생'이 23.9%로 가장 높았고, '직장 상사 등 근무 환경'(20.4%), '육아와 가사 등 집안 사정'(16.1%), '적성과 기술 불일치' (14.0%), '안전성'(11%), '개인 발전'(7.7%), '개인 사업'(6.2%) 순이었다. 또 한국행정연구원이 2021년 초 발간한 2020년 공직생활실태조사 보고서에 따르면 조사 대상 공무원(4,339명) 중 31.1%는 '이직 의향이 있다'고 답했으며, 20대 공무원의 경우 '이직 의향이 있다'고 답한 이들이 38.4%에 달할 정도로, 안정적이라는 이유로 소위 '신의 직장'으로 불리는 공무원 또한 상황이 크게 다르지 않은 것으로 나타났다. 참으로 놀라운 현상이지만, 전반적인 사회현상과 젊은 세대의 사고방식 및 삶에 대한 시각, 그리고 거기에서 차지하는 직장과 조직에 대한 헌신과 몰입도로 지속가능성을 예측해보면 충분히 이해가 가는 것도 사실이다.

『열정과 몰입의 방법』의 저자 케네스 토마스(Kenneth W. Thomas) 는 사람들이 동기부여를 가지게 되는 순서에 대해 다음과 같이 말했다. 첫째, 자신이 가치 있는 일을 하고 있다는 느낌, 둘째, 그 일을 할 때 자신에게 선택권이 있다는 느낌, 셋째, 그 일을 할 만한 지식과 기술을 갖추고 있다는 느낌, 넷째, 실제로 진보하고 있다는 느낌이라고 했다. 또 『리더십 챌린지』의 저자 제임스 쿠제스(James M. Kouzes)는 전 세계 2만여 명의 직장인을 대상으로 한 설문조사에서 다음과 같이 밝혔다. 동기부여는 내재적 보상들, 예를 들면 존중, 도전할 만한 흥미로운 업무, 성과에 대한 공로 인정, 자기계발의 기회, 자율적 선택과 같은 것들에서 더 크게 비롯된다고 했다. 이는 급여, 복리후생과 같은 외재적 보상이 직원들의 동기부여에 큰 영향을 미칠 것이라는 경영자들의 일반적 생각과는 사뭇 다르게 나타난 결과로, 회사의 경영자나 조직의 관리자들은 이 결과에 주목할 필요가 있겠다.

그런가 하면 목표달성이나 효율적 생산관리에 조직구성원들의 긍정적 감성이 어떻게 영향을 미치는지에 대해서도 몇 가지 살펴보자. 러셀(Russell)은 사람들이 즐거운 정서 상태에 있을 때, 감성이 인지기능에 긍정적으로 작용할 수 있다고 했고, 타이어(Thayer)는 사람들이 원기왕성하고 기분 좋은 상태에 있을 때 가장 긍정적이고 창의적이라고 했으며, 쿠퍼(Cooper)와 사와프(Sawaf)는 감정이 인간의 에너지이면서 정보와 연결 작용을 하여 내·외부적으로 영향력을 미친다면서, 긍정적인 감성상태에서 사람들은 성과에 대한 인지적 요구를 가장 잘 수행할 수 있다고 했다.

반면 부정적 감성은 그와 반대라고 했는데, 에이비아(Avia)는 바람직하지 않은 감성상태에서는 인지적 기능을 제한시키고, 창의성을 감소시킨다고 했으며, 자카로(Zaccaro)는 스트레스는 우리의 사고능력을 방해한다고 했다. 조오지(Gorge & Bridf, Ashforth & Humphrey, Isen & Baron) 등에 따르면 개인의 감성이 업무수행에 대한 동기유발, 구성원들에 대한 리더십의 발휘, 집단구성원 간의 집단역동과정, 직무에 대한 구성원들의 헌신과 몰입 등과 같은 다양한 작업장에서의 활동에 중요한 영향을 미치는 것이 결코 간과해서는 안 되는 요인이라는 사실을 밝혔다.

위의 내용들을 종합해보면, 긍정적 감성에서 만들어진 '동기부여'가 살아 움직이는 회사, 지속적인 생명력을 갖는 조직을 만들기 위해 얼마나 중요한가에 대해서는 의심의 여지가 없다. 또 그것은 오늘날 많은 회사와 조직에서 '조직활성화'나 '조직역량강화'를 위해 교육이나 프로그램을 시행하고, 적지 않은 투자를 하고 있다는 것이 그 중요성을 대변하고 있다.

그렇다면 이토록 중요한 긍정적 감성을 불러일으키는 동기부여를 통해 영원히 살아 움직이는 회사와 조직을 만들기 위해서 무엇을 해야 하는가? 구성원들이 건강한 생명력을 가지고 스스로 살아 움직이게 하려면 어떻게 해야 하는가? 필자는 여기에서 그 내용과 방법에 대해 '콘셉트 5P'를 제안해보고, 이미 잘 알려진 ERRC 경영분석전략을 더하고자 한다.

먼저 '콘셉트 5P'는 Present(현재), People(사람), Peace(화해), Practice(실천), Pulse(박동)다. 과거나 미래보다는 현재에, 다른 어떤 경영요소보다도 사람에, 갈등과 분열보다는 평화롭게, 소극적 계획보다는 적극적 실천에, 수동적이기보다는 능동적으로 조직이 기능하게 만드는 환경을 조성하고 관리해야 한다. 그러면 이에 대해 하나하나 좀 더 살펴보자.

첫째, Present(현재)다. 과거에 초점을 맞추면 후회가 커지고, 미래에 관점을 두면 불안이 생긴다는 말이 있다. 물론 지난 과거를 돌아보고 잘못된 부분과 그 원인을 찾아본다거나 우리가 앞으로 나아갈 방향을 제시하고 목표를 세우는 것을 하지 말라는 얘기가 아니다. 과거의 부족함과 아쉬움에서 비롯되는 원망과 미련, 반대로 미래에 대한 원대한 비전과 계획으로 현실에서 감당하기 어려운 상황을 자초할 수 있다. 그러기보다는 현재의 상황을 직시하고, 지금 해야 할 것부터, 지금 할 수 있는 것부터 바로 시작하고 최대의 노력을 쏟아부어라. 그러다보면 지나간 것도 바로잡을 수 있고, 이 다음으로 나아갈 길도 보이게 된다.

둘째, People(사람)이다. 하드웨어(Hardware)나 소프트웨어(Software)도 중요하지만, 그 속에 있는 구성원이면서 그것을 실제로 운영하는 휴먼웨어(Humanware)가 효과나 효율면에서 얼마나 핵심적인 요소가 되는지에 대해서는 아마 논란이 없을 것이다. 그런데 이렇게 다 알고 있는 사실이지만, 실제 회사경영이나 조직운영에서 우선시되는 부분은 안타깝게도 사람이 가장 최하위에 놓여 있는 경우가 대부분이다. 다시 한번 강조한다. 이 기회를 통해 사람에 대해 소홀히 여기고 있지 않은지 점검해보라. 특히 Present(현재)의 People(사람)에게 집중해보라. 함께 있는 구성원들은 어떤 사람들이고, 언제까지 함께 갈 것이며, 그들이 무엇을 하고 있으며, 그 일을 왜, 그리고 어떻게 하고 있는지 면밀히 살펴보고 관리하라! 또 필요하다면 재구성하라!

셋째, Peace(화해)다. 사소한 오해나 미움도 커지면 돌이키기 어려운 증오가 되고 걷잡을 수 없는 분노가 쌓인다. 목표달성이 어렵고 와해될 위기의 조직일수록 서로에 대한 책임전가나 책임회피가 늘어나고, 반대로 목표달성이 자주 일어나고 계속 성장해 가는 조직에서는 공로나 성과에 대해 자기 몫을 챙기고 싶어 하거나, 더 많은 목표달성과 더 빠른 성장속도를 부추기다 보면 스트레스가 쌓여 갈등과 분열이 생기는 것이 당연하다. 소중한 에너지를 낭비시키는 것이다. 구성원의 역량을 충분히 발휘하게 하고, 잠재력을 표출하게 해 조직전체의 역량으로 상승시켜야 할 상황인데, 부정적 에너지로 소모되어버리는 아까운 상황이다. 그러므로 이런 상황을 예방하고, 만약 이런 기운이 감돌고 있다면 이를 해소하고, 구성원들이 심리적인 안정감을 갖고서 서로 신뢰하고 협력할 수 있도록 해야 한다. 이를 소홀히 하거나 내버려둔다면 풍부한 자본과 우수한 자원도 제대로 활용하지 못하고 실패할 가능성이 매우 높다. Present(현재)의 People(사람)들에게 Peace(화해)된 분위기 속에서 협업하게 하라!

넷째, Practice(실천)다. 이제는 실천, 실행이 답이다. 아무리 고차원적인 지식과 최신의 정보, 막대한 계획이 있다고 해도 그것을 제대로 이해하고 거기에 대해 공감하고 현실에 적용하려는 태도와 강한 의지로 꾸준히 실행에 옮기지 않으면 아무런 변화도 기대하기 어렵다. 잘 갖춰진 제도가 곧 혁신으로 이어지지는 않는다. 스스로 실천해 갈 방법을 습득하고 자발적으로 실천해 갈 수 있는 상황일 때 효과적인 목표달성을 기대할 수 있다. 일방적으로 지시하거나 명령, 통제하려 들지 말고, 실천해 가는 데 있어서 구성원들이 가지고 있는 한계, 극복해야 할 장애물, 지원이 필요한 요소는 무엇인지 묻고 또 물어라. 그리고 그들의 입장에서 공감적 경청으로 듣고 또 들어라. 이 때 코칭(Coaching)기법을 적용하는 것이 매우 효과적이다. 답은 내부에 있다는 것을 기억하라. 그래서 조직 내 Present(현재)의 People(사람)들이 Peace(화해)상태로 적극적으로 Practice(실천)해 가도록 돕고 또 도와라!

다섯째, Pulse(박동)다. 살아 움직이도록 필요한 영양분 공급과 노폐물 배출을 위한 추진력 있는 엔진, 심장의 박동이다. 부정맥이나 맥박이 약하면 시스템이 유기적으로 작동하지 못하고 각 조직, 말단세포까지 적절한 순환량이 부족해지며 급기야 심장이 멈추어 모든 것이 멈추고 사망에 이른다. 즉, 살아 움직이는 조직이 없어지는 것이다. 멀쩡한 심장인 것 같지만, 청진기를 대어보면 힘찬 박동이 느껴지지 않거나 파동을 체크해보면 비정상적인 그래프로 나타나는 경우가 많다. 심장이 규칙적인 리듬과 적당한 압력을 유지하며 지속적으로 박동하게 하라. 그래야 건강한 생존과 성장이 가능해진다. 한 번의 실행에 그치거나 단기적인 실천으로 끝나서는 안 된다. Present(현재)의 People(사람)들이 Peace(화해)상태로 적극적으로 Practice(실천)하면서 지속적으로 유지해 가도록 Pulse(박동)를 강력하게 뛰게 하라!

그리고 '콘셉트 5P'에 단순한 경영분석전략인 ERRC를 적용하자. ERRC는 Eliminate(버리기), Reduce(줄이기), Raise(올리기), Create(창조하기)의 첫 글자이다. 즉, '콘셉트 5P'를 활성화시키기 위해 회사나 조직의 현재 상황을 다각적으로 분석해보고 전략적으로 실행에 옮겨야 한다. 즉, 불필요한 요소는 과감하게 제거해버리고,

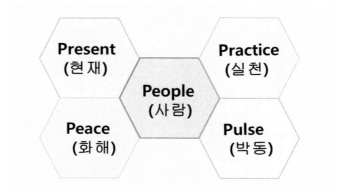

[그림 3-1] 살아 움직이는 조직 만들기 콘셉트 5P

필요하지만 너무 과하다고 판단되는 것은 감소시키며, 부족하거나 가능성 있는 요소들은 오히려 더 증가시켜야 하고, 현재는 없지만 혁신과 도전으로 미래를 만들어가기 위해서는 투자를 아끼지 말아야 한다는 것이다.

　조직은 생존과 성장을 바라는 것이 당연하다. 그렇다면 '콘셉트 5P'에 ERRC를 구체적이고 적극적으로 활용해보자. 답답했던 체중이 시원하게 내려가니 막혔던 혈액이 원활하게 순환하고 단단한 골격과 튼실한 근육으로 성장해 가며 당신의 조직은 건강히 살아 움직이게 될 것이다.

지속가능경영의 핵심전략이 된
기업의 사회적 책임, 'CSR'

'기업은 사회라는 바다 위에 떠 있는 섬과 같다'라고 한다. 이 말은 "기업과 사회는 어떤 관계에 있으며, 적절한 관계는 무엇인가?"라는 물음에 대한 명쾌한 답변이 될 수 있을까? 그렇다. 이제 기업에 사회적 책임이 있는지 없는지에 대한 의문은 더 이상 논의할 필요조차 없는 시대가 되었으며, 어떤 기업이 더 오래 지속되고, 더많이 성장할 수 있는지는 그 기업이 어떻게 사회적 책임을 다할 것인가에 대해 고민하는지, 무엇을 실천해 가는지 측정해보면 어느정도 가늠해볼 수 있게 되었다. 즉 기업이 사회라는 거대하고 복잡한 환경 속에서 탄생하고, 생존을 위해 고립되지 않으며, 지속가능한 성장을 거듭해 가기 위한 경영전략 중 하나가 바로 기업의 사회적 책임(Corporate Social Responsibility, CSR)이다.

물론 밀턴 프리드먼(Milton Friedman)처럼 "기업의 유일한 사명과 사회적 책임은 딱 한 가지가 있다. 그것은 법이 정하는 테두리 안에서 이익을 극대화하는 것이다"라고 말하듯이 '기업은 자산의 집합체이므로 경영자는 합법적인 범주 안에서 주주들의 이윤을 극대화하는 것이 책무'라고 주장하는 주주이론도 있다. 이에 따르면 기업이 주주이익을 극대화하고, 납세의 의무를 충실히 한다면 그로 인해 고용창출의 기회를 보다 많이 창출할 수 있기 때문에 사회에 대한 책임을 다한 것이라고 보기도 한다.

그러나 '기업은 사회 제도의 일부분이므로 기업의 책임은 주주뿐만 아니라, 기업이 영향을 미치는 모든 이해관계자들의 이익을 광범위하게 포괄해야 한다'고 보는 이해관계자이론이 있다. 여기서 기업의 이해관계자란 기업의 활동에 직·간접적으로 영향을 받는 사람이나 단체로, 범주에 따라 1차 이해관계자는 기업주, 주주, 경영자, 종업원이 해당되고, 2차 이해관계자는 고객, 노동조합, 납품업자, 경쟁자, 그리고 3차 이해관계자는 지역주민, 소비자단체, 정부, 여론, 환경이 있다.

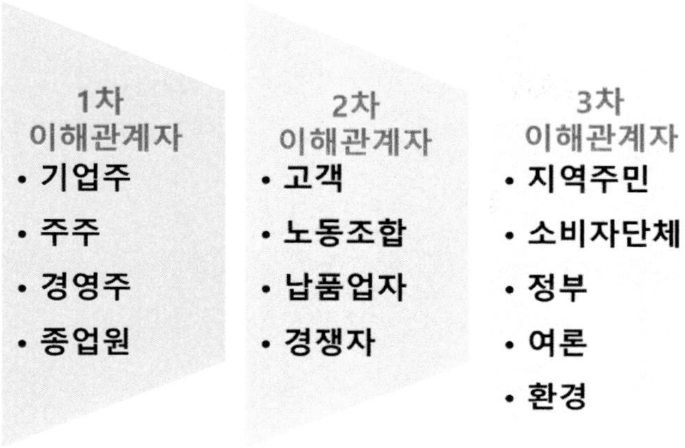

[그림 3-2] 기업에 영향을 미치는 이해관계자

<table>
<tr><td>1차
이해관계자
• 기업주
• 주주
• 경영주
• 종업원</td><td>2차
이해관계자
• 고객
• 노동조합
• 납품업자
• 경쟁자</td><td>3차
이해관계자
• 지역주민
• 소비자단체
• 정부
• 여론
• 환경</td></tr>
</table>

이처럼 기업의 사회적 책임에 대한 개념이 대두된 것은 1950년대 하워드 보웬(Howard Bowen)등이 '기업가의 사회적 책임'에서 '사회의 목표와 가치적 관점에서 스스로 바람직한 정책을 추구하고 올바르게 여겨지는 행동을 따르고 의사결정을 해야 하는 경영자의 의무'라고 명시하면서 형성되었다. 이처럼 전통적으로 기업의 사회적 책임은 기업이 사회의 일원으로서 이해관계자와 사회 일반의 기대와 요구에 부응하기 위해 수행해야 하는 제반활동 정도로 여겨져 왔으며, 기업의 양심에 따라 선택적인 기업 활동 정도로 기업경영활동에 있어서 주요항목이 아닌 부수적인 기능이었다.

그런데 지금은 기업이 사회적 책임을 간과하고 이윤극대화만을 추구하는 것은 기업경영에 비효율적이며, 오히려 전략적으로 사회적 가치를 추구하는 것이 기업의 이익을 동시에 추구하는 것으로 자각하게 되었으며 반드시 실행해야 하는 필수개념으로 인식하고 있다. 2009년 MIT에서 세계 각국의 고위경영자 1,500인을 대상으로 '기업의 사회적 책임을 실천한 경영의 효과'에 대해 설문조사를 실시했는데, 그 결과에서도 상품 및 기업의 이미지 개선에 효과가 있었다는 답변이 가장 많았다. 그리고 비용절감과 경쟁우위 획득이 그 다음 효과라고 응답했으며, 종업원 생산성 향상, 상품 및 시장 혁신, 사업 모델 및 공정 혁신, 새로운 사업기회가 그 뒤를 따랐다. 이 외에도 효과적인 위험관리, 이해당사자 관계 증진의 효과도 있다는 결과를 얻었다.

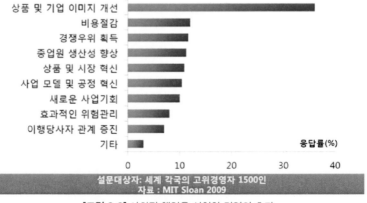

[그림 3-3] 사회적 책임을 실천한 경영의 효과

다시 말하면 기업은 자본을 투자하고 수익을 가져가는 주주뿐만 아니라, 기업 활동을 지원하는 정부, 지역사회, 협력업체, 그리고 영업활동 대상인 고객과의 관계를 지속해 가면서 이윤을 추구하기 때문에 기업이 사회에 대한 책임도 함께 짊어져야 한다는 것은 당연하다. 이는 기업의 설립부터 사회와 함께 공유할 수 있는 가치를 창출하는 것을 기업 본연의 책무로 설정하고 있는 사회적 기업의 핵심가치, 즉 기업과 사회의 공유가치(Creating Shared Value, CSV)창출과도 일맥상통한다. 기업의 사회적 책임에 대한 소극적 해석으로 이른바 '착한 기업'이 기업의 이익을 일부분 사회에 환원하는 것도 같은 맥락이다. 특히 이 시대의 소비자들은 제품의 기능적 속성을 보고 소비하는 것을 넘어서 제품이 담고 있는 가치와 의미, 그 제품을 생산하는 기업까지도 중요하게 고려하기 때문에, 기업의 공익적, 사회적 가치창출 활동은 그 기업의 차별화된 경쟁력으로 자리잡아 가고 있다.

이처럼 기업의 사회적 책임실천이 그 기업에게 가져다 주는 효과는 기업 환경개선은 물론 다양한 내·외적요소의 포지셔닝(Positioning), 즉 경쟁우위에 긍정적으로 작용하게 될 것이며, 이는 당연한 결과이다. 대표적인 긍정적 효과를 보면, 정부가 해결에 실패한 사회문제를 해결하고, 직원들의 사기 충전에 도움을 주어 훌륭한 인재 채용으로 이어질 것이며, 기업 브랜드 차별화와 긍정적 기업이미지 구축으로 소비자들의 구매의도 증가에도 바람직한 영향을 주게 된다. 또한 소비자 비판이 감소될 것이며 기업의 영업이나 로비활동 등에도 많은 영향을 미칠 것이다.

사회문제 해결효과
직원 사기 충천
훌륭한 인재 채용
기업 브랜드 차별화
긍정적 기업이미지 구축
구매의도 증가
로비 활동 지원
소비자 비판 감소

[그림 3-4] CSR실천이 기업에게 주는 긍정적 효과

1960년대 미국의 기업들이 환경문제로 인한 공해나 독과점 시장지배 등으로 일으킨 비윤리적인 기업 활동에 대한 사회적 비난과 물의를 만회하고, 기업의 이미지를 개선하기 위해 기업의 이익 일부를 사회에 환원하는 기부형태로써 단순한 자선사업처럼 시작한 것을 기업의 사회적 책임을 다하는 것이라고 오인하기도 했었다. 하지만 1970년대 이후 선진국을 중심으로 환경오염, 에너지부족, 실업문제 등의 다양한 사회 문제가 나타나면서 이에 대한 기업의 책

임을 요구하는 목소리가 높아지게 되었다.

그러므로 기업의 사회적 책임의 개념은 경제적 책임에 윤리적 책임이 더해져, 보다 적극적이고 폭넓게 다뤄지고 있다. 이는 기업이 생산 및 영업활동을 하면서 사회공헌, 사회책임투자, 윤리경영, 환경경영, 투명경영, 신뢰경영 등을 실현함으로써 노동자, 소비자, 지역사회 등 사회전체의 이익을 동시에 추구하며 그에 따른 의사결정 및 활동을 하는 것을 말한다. 예를 들면 취약계층의 일자리와 사회 서비스 제공 등 사회적 목적 추구, 영업활동을 통해 창출되는 이익을 사업 목적자체에 재투자하거나 지역공동체에 투자, 사회적 목적으로 사용하며 경제, 환경, 사회 측면에서 지속적인 성과를 창출하여 지속가능한 기업의 가치를 증진하는 것이다.

이러한 흐름은 1990년대 이후 세계적으로 확산되었다. 2000년에는 국제연합(UN)사무총장이 주도하여 기업의 사회적 책임에 대한 국제협약으로 세계 각국 기업들의 네트워크를 구축하는 '글로벌 콤팩트'를 출범시켰는데, 여기에는 인권과 노동, 환경, 반부패 등 4대 분야의 10개 원칙을 기업경영에 자발적으로 반영하도록 강조하기도 했다.

또 국제표준화기구 ISO(International Organization For Standardization)에서는 2010년, 기업의 사회적 책임을 ISO26000의 국제규격으로 공표함으로써 강제성은 없지만 기업경영평가에 중요한 잣대를 마련하였다. 이 규격은 환경경영, 정도(正道)경영, 사회공헌의 기준에 따라 7개 분야로 구성되어 있는데 인권, 노동, 기업의 지배구조, 공정한 업무운영관행, 소비자이슈, 지역사회참여가 그 기본원칙이다. 이는 기업이 경제적 책임이나 법적 책임 외에도 보다 적극적으로 사회적 책임을 수행해야 한다는 것을 의미하며, 기업 경영방침의 윤리적 적정성, 제품생산과정에서의 환경 파괴나 인권유린 등과 같은 비윤리적 행위의 여부, 국가와 지역사회에 대한 공헌정도, 제품결함에 대한 잘못의 인정과 보상 등의 내용까지도 포함된다.

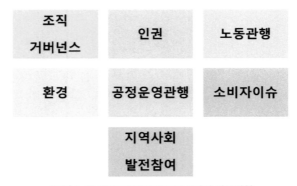

[그림 3-5] 국제표준 ISO26000 7가지 기본원칙

그런가 하면 미국의 종합경제지 「포춘(Fortune)」의 세계에서 가장 존경받는 50대 기업 선정기준(World's Most Admired Companies for)에도 혁신, 인력관리, 자산 활용, 경영의 질, 재무건전성, 투자가치, 상품의 질, 글로벌경쟁력과 함께 기업의 사회적·환경적 책임항목이 포함되어 있다. 그만큼 이제 지역사회는 물론 글로벌 기업으로 성장하기 위해서는 반드시 갖추어야 할 필수불가결한 이슈인 것이 명확해졌다.

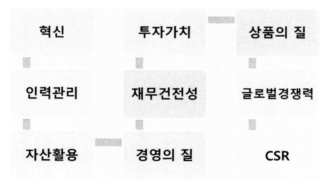

[그림 3-6] 세계에서 가장 존경받는 50대 기업 선정기준(포춘지, 2017)

우리나라에서도 기업의 사회적 책임실현정도를 평가하고, 매년 우수기업 및 단체, 각 분야별 단체를 선정해 상을 수여하고 있다. '대한민국 사회공헌대상'이나 '존경받는 사회공헌 기업대상'이 그 예다. 이를 선도적으로 이끌어가기 위해 정부정책이 반영되는 공공기관의 경영평가결과 발표에서도 공개된 성적표에 결정적 영향을 미치는 것이 바로 각 기관의 사회적 가치실현정도다. 안전, 윤리경영, 일자리, 상생협력 등 사회적 가치 관련 평가배점이 종전보다 50% 이상 대폭 확대돼 사회적 가치를 중심으로 평가 체계가 전면 개편되면서 적극적으로 대비해 온 기관은 성적이 오르거나 유지되었고, 그렇지 못한 기관은 성적이 떨어졌다.

그만큼 사회적 가치실현정도는 매년마다 공공기관 경영평가에서 점점 더 중요한 요소로 작용하고 있다. 이는 국가나 정부에서 경영하는 공공기관에서부터 사회적 가치를 실현하며 기업의 사회적 책임을 이끌어내는 선제적 기업문화와 풍토를 조성해 가겠다는 의지로 봐야 할 것이다. 그리고 대기업을 중심으로 글로벌 기업으로 지속가능한 성장을 이어가기 위한 경영전략의 혁신과 실천의 바람은 그 어느 때보다도 거세게 일어나고 있다. 또 스타트업들은 아예 기업의 사회적 책임에서 아이디어를 발굴하고, 창의적으로 아이템을 만들기도 하고, 처음부터 사회적 기업으로 출발하기도 한다. 중소기업이나 중견기업들도 내부적인 혁신을 통해 기업의 사회적 책임을 다하는 전략을 수립하고 적용함으로써 오히려 더 큰 성장의 발판으로 삼거나 위기를 기회로 삼는 경우들도 많아지고 있다.

하지만 서두에서도 주주이론을 언급했듯이 기업의 사회적 책임에 대한 반대론을 펼치는 이들도 많다. 그들은 사회적 책임에 관한 규정이 이윤극대화를 제약하기 때문에 불법이며, 사회적 책임은 측정할 수도 없고, 기업에는 사회적 문제를 해결할 기능이 결여되어 있고, 오히려 사회적 책임수행에 따르는 비용의 증대는 제품의 가격상승을 초래하게 되므로 기업의 기본목적을 약화시키고, 비록 사회적 책임을 다한다고 해도 대중들로부터 지지를 얻지 못하기 때문이라고 주장한다.

그러나 필자는 기업의 사회적 책임에 대해 캐럴(A. Caroll)이 정의한 경제적, 법적, 윤리적, 그리고 자선적 책임이라는 4가지 정의로 확실한 정리를 하고자 한다. 먼저 경제적 책임은 경제적 이윤 창출로 기업은 사회의 기본적 경제단위로서 재화와 서비스를 생산할 의무가 있으며, 법적책임은 법률준수에 관한 것으로 기업은 사회의 법적 틀 안에서 법을 준수하면서 경제적 임무를 수행해야 한다는 것이다. 또 윤리적 책임은 법률로 규정되어 있지는 않지만, 기업은 사회의 구성원으로서 사회에서 요구되는 행동과 활동을 해야 하고, 끝으로 자선적 책임은 재량적인 사회공헌을 의미하는데, 기업이 자발적으로 기부하고 프로그램을 운영하고 자선을 행하는 책임을 말한다.

[그림 3-7] 캐럴(A. Caroll)의 CSR 피라미드

결론적으로 기업의 사회적 책임에 대한 시사점을 정리하면 다음과 같다.

① 기업의 성장을 위해 필수불가결한 요소

② 기업의 경영활동에 선택이 아닌 필수

③ 단기적 비용이 아닌 장기적 투자로 인식

④ 자국에 국한하지 않고, 글로벌 사회 대상으로 실천

⑤ 대기업뿐만 아니라 중소기업에서도 수행

⑥ 기업의 건전성과 미래지향성 평가의 기본요소

지금 당신이 속해 있는 기업은 지속가능한 경영으로 생존과 성장을 바라고 있는가? 또 기업경영에 있어서 새로운 방향전환을 강

구하고 있는가? 건전한 기업으로 미래지향적 경영활동을 계속하고
싶은가? 그렇다면 기업의 사회적 책임을 적극적으로 실천해보라.

지속가능경영을 위한
기업의 뉴노멀 필수전략, 'ESG'

"2050년 넷제로(Net-zero, 탄소중립) 목표의 달성에 부합하는 사업계획을 공개해달라. 기업 비즈니스모델을 넷제로 경제와 어떻게 결부시킬지 계획을 공개하고, 2050년 넷제로 목표를 기업의 장기 전략에 어떻게 통합할지, 이사회의 논의결과를 밝혀달라."

세계 최대 규모 자산운용사, 블랙록(Black Rock)의 래리 핑크(Laurence Fink)회장이 투자대상기업의 CEO들에게 보낸 2021년 연례 서한은 ESG 경영돌풍을 휘몰아치게 만든 강력한 촉진제였다.

이는 비단 블랙록에만 국한된 것이 아니라, 모건스탠리(Morgan Stanley)도 '실적이 좋아도 ESG를 고려하지 않는 기업에는 투자하지 않겠다고 선언했으며, 미국의 금융사 78%가 ESG 금융투자계획을 늘리겠다고 발표하는 등 이미 전 세계적으로 ESG 경영은 기업경영의 새로운 패러다임으로서 기업의 생존과 지속가능경영을 위해 더 이상 선택의 여지 없이 반드시 실천해야만 하는 필수전략으로 거센 회오리바람이 되었다.

그러므로 스타트업이나 중소기업, 강소기업 및 중견기업을 막론하고, 기업이라면 이 시대적인 트렌드 경영전략을 왜 적용해야 하고, 어떻게 활용해야 성공가능성을 높여 갈 수 있을지 깊게 고민하고, 적극적으로 실천해야 할 때다. 이미 발 빠른 대기업이나 글로벌 기업들은 ESG 위원회나 협의체, 나아가 아예 전담팀을 구성하여 ESG 목표달성을 위한 구체적인 계획안을 마련하고, 실천해 나갈 수 있도록 새로운 비즈니스모델을 수립하고 비전을 선포하는 민첩한 대응을 펼쳐 나가고 있다. 그야말로 개별 기업차원을 넘어 자본시장을 휩쓰는 글로벌 경제의 거대한 이슈가 되었고, 국가차원의 경제와 경영의 성패를 좌우할 주요요인으로 급부상하고 있으므로 더 이상 등한시하거나 뒤로 미뤄둘 수 없는 ESG 경영시대가 활짝 열렸다고 하겠다.

그렇다면 ESG 경영이란 무엇인가? 그 실체를 알아보자. ESG는 환경(Environment)과 사회(Social), 지배구조(Governance)의 영문 첫 글자를 딴 약자로, 기업이 얼마나 환경을 고려하고, 사회적 책임을 다하며 윤리적 경영을 하고 있는지 파악할 수 있는 대표적인 요소들이다. 이렇듯 재무상태표에서는 나타나지 않는 비재무적인 지표로서 ESG가 강조되는 이유는 기업과 사회, 나아가 지구의 환경과 인류의 행복에 위해를 가하는 기업은 더 이상 지속가능하기 어렵다는 얘기다. 역설적으로 기업이 지속적으로 이윤을 추구해 재무적 요소를 건전하게 유지하기 위해서는 먼저 비재무적 요소를 건강하게 만들어야 한다는 것이다. 바꿔 말하면 '강한 기업이 되려면 먼저 착한 기업이 돼라!'는 것인데, 기업이 돈을 벌기 위해서는 가까운 이웃사회에서부터 지구촌 전체, 인류의 미래까지 고려해야만 하는 상황이다.

급속히 진행되어 온 산업기술의 발전과 그 속에서 성장해 온 기업들은 인류에게 많은 혜택을 가져다주었지만, 그 이면에는 그로 인한 여러 가지 문제들을 야기했다. 바로 환경오염, 자원고갈, 기후재해, 불평등, 노동착취, 비윤리적 지배구조 등이 그 예다. 물론 이전에도 기업윤리가 요구되어 왔고, 기업의 자정노력도 있어 왔지만 그 효과는 미미했다. 그동안 여러 국가들이 참여하여 환경오염에 대한 각종 관련법제도와 기후협약을 만들기도 했지만, 한편으로는 그러한 규제들이 무시될 만큼 긍정적인 측면만을 옹호하는 시각이 문명의 발달을 가속화시켜 왔고, 기업과 자본이 그 중심에 서 있었다는 것이다. 하지만, 이제 그러한 과거의 기업경영전략 및 성장방식에서는 벗어나야 하며, 지속가능경영을 목표로 한다면 함께 지속해 가야 할 인류와 지구를 외면해서는 안 되는 시대가 되었다.

지구는 어느 특정지역을 말할 필요도 없이 환경오염으로 인한 기후변화로 이상기온과 기후재해가 점점 더 늘어나고 있으며, 토양은 물론 수질오염의 심각성은 급기야 바다생물들의 먹이나 생존환경까지 플라스틱이 차지해버리는 지경에 이르렀다. 이제 인류에게 안전한 환경은 없다고 해도 과언이 아니며, 함께 살아가는 지구생명체들의 생존에도 위기가 닥친 것이다. 그뿐만이 아니다. 사회적 약자에 대한 외면, 안전에 대한 대책미비, 그리고 이웃사회와 국가 간 빈익빈 부익부 정도가 심해질수록 기본적인 의식주문제나 건강불평등이 누적되어 왔다. 특히 이번 코로나19 바이러스로 인한 세계적인 팬데믹 상황으로 세계의 실물경제 마비상태를 겪으면서 이런 폐해는 수면 위로 급속히 떠올라 인류전체의 위협이 되었다. 또한 기업은 법과 윤리를 준수하는 것을 우선시하기보다는 수익률을 위해 이중적인 지배구조를 형성하기도 하며, 투명하지 못한 운영상태가 관례적으로 용납되어 온 것도 사실이다.

그러나 이제 기업을 바라보는 투자자들의 시각과 거래기준도 완전히 달라졌으며, 소비자들의 민감한 반응은 이미 시장에서 환경과 사회를 생각하고, 윤리적인 기업이 생산하는 기업의 제품과 서비스를 구매하고 이용하며, 자발적으로 추천하고 홍보하려는 소비경향이 갈수록 증가하고 뚜렷해지고 있다. 그러므로 기업은 지금 ESG로 혁신하지 않으면 사회에서 도태되고, 더 이상 지속가능경영이 불가능해질 수밖에 없다. 지금까지 별 문제 없었다거나 이 정도면 괜찮다는 안일한 체감은 매우 큰 위협이 될 것이며, 현시점에서보다 꼼꼼히 점검하고 철저히 대비해야 뉴노멀시대에서 지속가능경영으로 생존할 수 있다.

2021년 4월, '지구의 날'에 세계 40개국 정상들은 기후정상회의를 열었다. 미국의 바이든 정부는 파리기후변화협약에 재가입, 지구의 평균기온 상승치를 산업혁명 이전에 비해 1.5도 이하로 제한하고 2050 탄소중립 달성을 위해 온실가스 배출량을 점진적으로 줄여나가기로 했으며, 세계 각국들도 그 목표치를 설정해 공개적으로 선언했다. 5월말 우리나라에서 개최된 '2021 P4G 서울 녹색미래 정상회의'에서는 탄소 중립 비전 실현을 위해 국가정상급 다자간 연대와 공동목표달성을 위한 협력을 약속했고, 특히 향후 10년간 적극적 실천을 위한 강력한 노력이 요구된다는 것에 회의 참석자들의 공감대가 형성되었다. 또 우리나라는 2050탄소중립위원회를 출범시켜 향후 30년간 탄소중립으로의 전환을 위해 경제·산업·사회영역의 혁신주도와 주요 정책을 심의·조정해 나가기로 했다(Partnering for Green Growth and the Global Goals 2030: 녹색성장 및 글로벌목표 2030을 위한 연대, P4G).

그러면 ESG 경영에 대해 좀 더 들여다보자. ESG라는 용어의 공식적인 사용은 전 세계 기업들이 지속가능하고 사회적 책임을 지는 기업운영의 정책을 채택하고 그 실행을 국제기구에 보고하도록 장려하는 '유엔 글로벌 콤팩트(United Nations Global Compact)'에서 2004년 6월, 20개의 대형 금융기관과 함께 "기업들의 성공적인 경영을 위해서, 특히 주주들의 가치를 증가시키기 위해서 기업의 환경적인(Environment), 사회적인(Social) 그리고 거버넌스(Governance) 측면의 이슈를 관리해야 한다"라고 밝히면서 시작되었다. 즉, 기업이 환경보호활동에 앞장서고, 사회적 약자에 대한 지원 및 사회공헌 활동으로 사회적 책임을 다하며, 법과 윤리를 철저히 준수하는 윤리경영과 투명경영을 실천하는 것을 말한다.

유럽연합(EU)이나 미국 등에서는 이미 기업을 평가할 때 ESG가 중요한 기준으로 자리 잡고 있으며, 지속성장을 위해 ESG는 선택이 아닌 필수라는 데 세계적으로 공감대가 형성되어 왔다. 우리나라도 2015년 말부터 한국거래소에서 기존의 사회책임투자지수(Socially Responsible Investment Index)를 보완해 개별종목의 시가총액이 아닌, ESG 평가 점수를 가중산출한 신(新)사회책임지수(ESG) 시리즈를 발표했다. 그 3종의 ESG 지수는 첫째, SG통합점수 우수기업 150종목으로 구성된 KRX 리더스(Leaders) 150, 둘째, 지배구조점수가 높거나 지배구조가 개선세인 100종목으로 구성한 KRX 거버넌스리더스(Governance Leaders) 100, 셋째, 환경점수가 높거나 환경점수가 개선된 100종목을 편입한 KRX 에코리더스(Eco Leaders) 100이다.

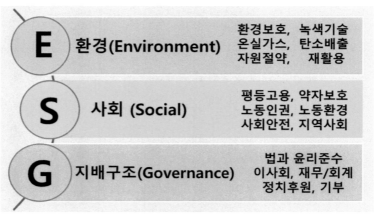

[그림 3-8] ESG 경영의 3대 기본요건

또 금융위원회는 기업공시제도 종합개선방안에서 기업지배구조 보고서 의무화 확대방안을 발표했다. ESG 각각의 요소를 기업공시에 포함하도록 의무화했는데, 2019년부터 자산 2조 원 이상의 코스피 상장사만 의무적으로 공시하도록 한 기업지배구조(G) 보고서를 2026년부터는 전체 코스피 상장사로 확대하며, 환경(E)과 사회(S)에 대한 공시도 활성화한다. 현재의 자율공시사항인 ESG 관련 지속가능경영보고서를 2025년부터 자산 2조 원 이상 코스피 상장사에 대해 의무화하고 2030년부터는 전체 코스피 상장사로 공시를 의무화할 계획이라고 한다. 그러므로 기업들은 ESG에 관련된 소송을 당하지 않도록 대비해야 한다.

이렇듯 최근 사회책임투자에 대한 기관투자자들의 관심이 점점 커지면서 ESG를 활용한 투자가 주목받고 있는데, 이는 투자시장에서 기업과 사회의 상생과 지속가능한 경영으로 이어질 것이라는 확신과 신념이 생겼기 때문이다. 앞서 언급한 블랙록의 래리 핑크도 이미 지난해에 지속가능성을 투자의 최우선 순위로 삼고, 기후변화를 고려해 투자포트폴리오를 바꿀 예정이며, 매출액의 25% 이상을 석탄산업을 통해 얻는 기업에 대해서는 채권과 주식을 매도하겠다고 했었고, 올해에는 포트폴리오 교체를 넘어 투자 의결권 행사를 통해 기업의 ESG 경영에 직접 영향력을 발휘하겠다는 의지를 담았다. 우리 정부도 기업지원정책 등 각종 기업평가에 ESG 관련 경영성적을 적극적으로 반영하고 실행해 나갈 것으로 보인다.

　그런데 ESG에 대한 평가가 매우 중요해졌으나 아직은 평가기관마다 기준이나 세부사항이 다르고, 등급별 차이도 다양해 그 자료를 명확한 지표로 삼기에 혼란이 있는 것도 사실이다. 현재 국내의 ESG 평가기관은 한국기업지배구조연구원(KCGS), 대신경제연구소, 서스틴베스트 등이 있다. 국제적으로는 다우존스 지속가능경영지수(DJSI), 모건스탠리캐피털인터내셔널(MSCI), 톰슨로이터 등이 대표적인 기관으로 알려져 있다. 이들의 평가방법과 등급결정은 ESG 등급을 필요로 하는 기업에 각 기관들이 개발한 평가항목 질의서를 보낸 뒤 기업에서 보내 온 ESG 활동과 성과에 대해 답변한 내용을 근거로 평가하고, 등급을 결정한다. 그러다보니 공통된 평가기준이 없고, 등급 차이도 빈번히 발생하고 있다.

　또 국외의 평가등급기준에는 친환경경영에 대해 가중치가 높은 반면 국내에서는 지배구조에 대한 가중치가 높게 평가되고 있다. 한 예로 한국전력공사는 2020년 MSCI에서 C-등급을 받았는데, 같은 기간에 국내기관인 KCGS에서 통합 A등급을 받았고, SK하이닉스는 2019년 MSCI의 E(환경)부문 평가에서 C등급을 받았지만, 톰

슨로이터 평가는 B+등급이었다. 따라서 이에 대한 보완책이 시급히 요구되며, 국내외적으로 공동협의체 구성 등을 통해 ESG 평가 시스템을 표준화하고, 안정적인 체계를 구축하려는 시도가 일어나고 있다.

한편, ESG 경영사례로 국내 대기업 중에는 SK그룹이 이를 위한 비즈니스모델 혁신에 적극적으로 대응하고 있고, 네이버는 5억 달러(약 5,613억) 규모의 채권을 통해 조달한 자금을 친환경 프로젝트와 사회공헌 프로젝트를 중심으로 한 ESG 경영 강화에 주로 활용할 것이라고 밝혔지만, 아직 국내기업들의 ESG에 대한 이해나 투자 및 실천전략은 미비한 편이다.

하지만 ESG 경영은 기업의 리스크 관리를 넘어 새로운 가치를 창출하는 성장동력이 될 것이다. 만약 기존에 기업의 사회적 책임 (Corporate Social Responsibility, CSR) 경영을 실행해왔다면 그것을 재정비해야 한다. 즉, CSR 경영에서 추구해 온 기업이미지 제고를 위한 경제적, 법적, 윤리적, 자선적 책임에서 한 단계 더 나아가 특히 환경경영에 대해 중점적으로 보완해 새로운 ESG 전략을 수립해야 한다. 앞으로 고객들의 수요는 ESG 경영시스템을 구축하고 실행하는 기업의 제품과 서비스 대상으로 더욱 증가할 것이고, 기업의 투자 및 자본규모의 확대 등을 위한 ESG 가치창출 효과를 지속적으로 추구하게 될 전망이다.

그렇다면 ESG 경영전략은 어떻게 수립해야 하는가? 기업은 제품이나 서비스를 연구개발, 생산, 전달, 판매하는 전과정에서 전사적으로 이러한 ESG 개념을 적용해 기업의 비전과 목표를 설계하고 세부 전략과제를 도출하며 재정립해야 한다. 이와 관련된 새로운 비즈니스모델을 만들고, ESG 경제의 패러다임에 어떻게 보조를 맞추고 목표를 세워 달성할 것인지 장·단기적 실천계획을 가져야 한다. 물론 언급했듯이 아직 국내외적으로 명확한 지침이나 표준화된 평가시스템은 없는 실정이다.

그러나 선도적인 기업은 신재생에너지 사용과 환경보호, 친환경 활동, 미세먼지 저감을 위한 나무심기, 플라스틱 대신 생분해용기, 폐페트병으로 친환경섬유 및 제품생산, 리필제품에 플라스틱 뚜껑 제거 및 친환경소재, 접착테이프 없는 조립형 택배상자, 재활용 가능한 완충재, 유색페트병 대신 라벨 없는 투명페트병, 플라스틱 및 종이컵과 비닐 사용금지, 일회용품 무상제공 금지 등 친환경제품의 생산과 유통, 판매에 힘쓰고 있다. 그리고 리사이클링(재활용), 업사이클링(새활용)을 포함한 친환경기술로써 개발, 생산된 소재나 산업재는 이미 시장에서 높은 성장률을 보이고 있다. 또 이윤은 남지 않지만 사회적 책임 실천방안으로 지역제품 애용과 홍보, 각종 문화행사 및 사회공헌 활동, 기부와 지원, 사회적 약자들을 위한 제품개발 및 판매에 힘쓰고 사회안전망강화와 같은 공익활동을 수행하고 있으며, 회계상 투명경영 의무를 다하려는 노력들이 거대한 쓰나미처럼 일어나고 있다.

이에 필자는 기업의 생존 및 지속가능한 ESG 경영을 위해 다음과 같은 6가지 실천전략을 제안한다. 첫째, 기업경영철학에 ESG 반영, 둘째, ESG를 포함한 기업비전수립, 셋째, ESG를 통합한 기업의 미래전략 재설계, 넷째, ESG 목표설정과 단계적 실천방안, 다섯째,

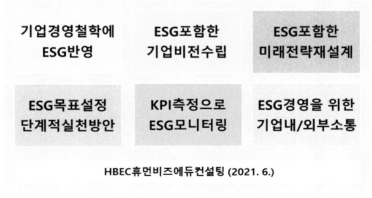

HBEC휴먼비즈에듀컨설팅 (2021. 6.)

[그림 3-9] ESG 경영을 위한 6가지 실천전략

핵심성과지표(KPI) 측정으로 ESG 모니터링, 여섯째, ESG 경영을 위한 기업내·외부와의 적극적 소통 등으로 지속가능경영을 위한 노력 등이다.

이제 '기업이 돈을 얼마나 버는가?'보다는 '돈을 어떻게 버는가?' 그리고 '돈을 어떻게 쓰는가?'가 중요해졌다. 기업의 역량과 성과를 평가하는 기준이 빠르게 변화하고 있으며, 이는 세계가 동시다발적으로 급속히 추구해 가는 공동의 가치가 되었다. "기업들의 투명성 강화, 이해관계자들에 대한 더 큰 책임감, 기후변화에 대한 준비 등의 요구를 어떻게 수용하는지 지켜보고 있다. 기업의 리더와 이사회는 포용적 자본주의를 건설하기 위해 더욱 기민하게 움직여야 한다"는 블랙록의 래리 핑크 회장의 말로써 지금 기업이 해야 할 당면과제 중 하나가 바로 ESG 경영이라는 것이 명명백백해졌음을 강조한다.

포스트 코로나의 적자생존 경영환경과 비즈니스전략

적자생존(適者生存), 자연에서 생물의 치열한 생존경쟁 결과, 환경에 적응하는 것만 살아남고 그렇지 못한 것은 도태됨을 뜻한다. 다윈(Darwin, C. R.)이 『종(種)의 기원』에서 사용한 말로서 '생존경쟁에서 승리하고 생존에 적합한 것만이 살아남는다', 즉 자연환경의 변화를 감지하고, 그에 따라 빠르게 적응하는 '적자'만 종을 유지해 살아남고 그렇지 못한 개체는 멸종한다는 것이다.

예기치 못하게 불어닥친 '코로나 쓰나미'의 경제생태계 속에서 살아남기 위해 치열한 생존경쟁을 벌여야 하는 기업들에게 적절한 이론이 아닐까? 강한 것이 살아남는 것이 아니라, 살아남는 것이 강한 것이라면 이러한 상황에서도 생존하여 최소한의 지속가능, 그리고 장기적인 성장발전을 이뤄나가기 위해서 과연 어떻게 적응해야 할까?

　세계적으로 대유행한 코로나19 감염병의 지속적 확산이 바꿔놓은 경영환경은 이전의 경험과는 크게 다르다. 오죽하면 트렌드 용어로 코로나19 이전과 이후에 대해 B.C.(Before Corona)와 A.D.(After Disease)라는 말까지 나왔을까. 이처럼 우리 사회는 물론 세계경제 생태계가 받은 그 충격은, 총성도 없고 화염도 보이지 않지만 그 어떤 전쟁보다도 두려운 패닉수준으로 대부분의 기업들은 '멸종의 위기'에 놓인 공포상태가 이어지고 있다고 해도 과언이 아니다.

　지난해인 2020년, 이미 세계보건기구(WHO)는 코로나19의 영향이 수십 년간 장기화될 것이라고 경고한 가운데, 전문가들의 세계경제 회복 형태를 예상한 전망치도 어둡기만 했다. 2020년 6월, 전국경제연합회는 미국, 일본, 독일 등 주요 18개국 대표 경제단체 및 국제기구와 경제협의체를 대상으로 실시한 'A.D.(After Disease) 1년, 포스트 코로나 세계 전망' 설문조사 결과를 공개했는데, 2020년 경제성장률을 -4% 이하로 전망하고 국가 간 이동은 2021년 이후에나 가능할 것이며, 가장 많은 전문가들이 2022년 하반기가 되어서야 세계경제가 정상화될 것이라고 예측했었다.

이를 국내총생산(GDP)을 기준으로 크게 세 가지 형태로 예측했는데, U자형, W자형 및 L자형이다. 급격한 경기 침체 후, 코로나19 이전 수준으로 빠르게 회복하는 V자형은 아예 전망하지 못했고, V자형에 비해 더딘 경기 회복형태인 U자형 36%, 코로나19 재확산으로 회복단계의 경제가 다시 악화되었다가 서서히 회복되는 형태로 W자형 52%, 대공황수준의 경기침체가 지속될 것이라는 L자형 12%로 나타났다. 또 글로벌 무대에서 신(新)무역체제로 북미와 유럽연합(EU)의 추락과 아시아의 부상을 예상하기도 했다.

그리고 마침내 월드뱅크(WB), 세계은행은 2020년 세계 경제가 전염병 대유행 여파로 -4.3%가 될 것으로 추정했으며 이는 1945년 제2차 세계대전 직후에 -9.8%로 최악의 침체를 기록한 이후 처음이라고 했다. 그야말로 세계경제는 감염병이라는 적군을 대상으로 함께 치르는 제3차 세계대전 상황이라고 여길 만큼 충격적이다. 그러면서 2021년에도 겨우 4% 성장할 것으로 전망했는데, 만약 코로나19 대유행이 제대로 통제되지 않는다면 2021년에도 성장률이 1.6%에 불과할 것이라는 비관적 시나리오를 제시했다.

2020년 8월, 인크루트 주식회사가 국내기업 531개를 대상으로 설문조사한 결과에서는 전체의 72%가 코로나19로 경영이 악화됐고,

26%는 하반기 파산까지 우려하고 있는 것으로 나타났다. 파산을 우려하는 이유는 53%가 코로나19의 직격탄을 맞았거나, 원래 좋지 않았던 경영상황에 코로나19 이후 더 회생 가능성이 사라졌기 때문이라고 했다. 결과적으로 한국은행이 발표한 자료에 따르면 2020년 한국의 경제성장률은 -1.0%로 집계됐으며, 이는 세계경제의 평균치보다는 양호한 편이지만, 이러한 역성장은 외환위기 당시였던 1998년(-5.1%) 이후 22년 만이라고 한다.

이러한 '온코로나'의 역성장은 한동안 '포스트 코로나'의 척박한 비즈니스 환경에서 적자생존을 해야만 하는 기업들이 깊은 고민에 빠져들게 할 수밖에 없다. 그러면서도 그 파급효과가 어디까지, 얼마나 미칠지 추측하기조차 어려운 시점에서 섣불리 경영목표나 방침을 수정하기도 애매한 것이 사실이다.

다만 한 가지 확실한 것은 이후로 국내는 물론 세계가 완전히 코로나 이전의 경제활동이나 경영환경으로 돌아갈 수는 없다는 것이다. 코로나 이후의 상황은 전과는 확연히 달라져서 계속 전개될 것이다. 그렇기 때문에 코로나 상황이 끝나기만을 기다리고 있을 수는 없으며, 이러한 경영환경에서 치열한 경쟁을 통해 살아남고, 또 성장해 갈 수 있으려면 여기에 적응할 혁신적이고 창의적인 경영전략과 비즈니스모델수립이 절실하다.

그러기 위해 먼저 1977년 미국의 경제학자인 J. K. 갤브레이스의 저서에서 주목되었던 '불확실성(不確實性)의 시대'를 보자. 전통적 이론으로는 예측이 힘든 당시 오일쇼크 시대를 불확실성의 시대로 보고, 변화가 너무 심하여 미래를 예견할 수 없는 현대사회를 과거 역사의 관점에서 불확실성의 시대라고 전망했다. 현대는 과거처럼 확신에 찬 경제학자도, 자본가도, 사회주의자도 존재하지 않는 시대이고, 합리성과 이성에 근거하여 진리라고 여겨 왔던 많은 것들의 담론체계도 의심스러우며 어디로 가야 할지 모르게 된 혼란스러운 시대라고 했다.

보수든 진보든, 자본주의든 사회주의든 이념을 떠나 생존문제 해결을 위해 인간의 호흡에 절대적으로 필요한 대기오염을 방지해야 한다고 했다. 또 경제 운영 능력을 입증하기 위해서 어떤 무리를 해서라도 실업과 인플레이션을 멈춰야 한다고 했다. 거기에 거대 기업문제와 빈곤, 핵 문제 등 현대의 주요 문제들과 다국적 기업이나 제3세계, 도시, 민주주의 등의 여러 문제를 예리하게 파헤치며 불확실한 미래에 대해 우려를 표명했다. 그는 중소기업과 지역경제에 대해 명확한 지침이나 해결책을 제시하지는 못했으나, 불확실성의 시대에서 적어도 이 하나만은 확실하다고 했는데, 그것은 "일단 서로에게 원자폭탄이 떨어지는 일이 생긴다면, 이 작은 지구는 결코 살아남지 못할 것이라는 점이다. 경제인을 포함해 우리는 이 같은 현실을 아직 정면으로 응시하지 않고 있다"라고 결론지었다.

그런데 40여 년 전 갤브레이스가 주장한 불확실성의 시대를 왜 지금 다시 꺼내 봐야 하는가? 그 이유는 그때와 지금의 불확실한 시대상황이 매우 흡사하기 때문이다. 그때는 상상조차 힘들었던 과학 기술의 발전으로 4차 산업혁명시대가 펼쳐진 지금, 인공지능(AI)과 ICT기술, 스마트기기 속에서 살고 있지만, 그가 지적한 다양한 문제들과 촉구했던 수많은 과제들이 해결되기보다는 훨씬 심각한 문제들로 확대되었거나 새로운 과제들이 발생해 불확실성이 오히려 더 커진 것이다. 특히 그가 말한 원자폭탄보다도 더 무서운 '코로나원자폭탄'이 전 세계에 떨어진 격이며, 그로 인해 이 작은 지구는 심폐기능이 어느 순간 멈춰버린 듯했다. 우리는 마치 원자폭탄이 떨어진 땅 위에서 생존해 가기 위해 전후복구를 하듯이 다시 일어서서 살아가기 위해 지금부터 복구를 해 나가야 한다.

이는 우리의 생존이 걸린 매우 위급한 상황으로 당장의 응급처치가 필요하기도 하지만, 짧은 기간에 치료될 가벼운 상처가 아니라 깊은 흉터와 후유증도 치료해야 한다. 상당히 긴 기간 동안 이어질 장기적인 재활을 위한 거시적인 전략과 단계적인 플랜이 요구된다.

블랙스완(Black Swan)이라는 용어가 있다. 흑고니이론(black swan theory)이라고도 부르는데, 예외적인 일, 도저히 일어날 것 같지 않거나 발생 가능성이 없어 보이는 일이 실제 발생했을 때 그 사건을 부르는 용어다. 유럽인들은 17세기 말까지만 해도 모든 백조는 희다고 생각해 왔으나, 18세기 네덜란드의 탐험가인 빌렘 데 블라밍이 오스트레일리아 남부에서 흑고니를 발견하면서 일반적인 통념이 깨지는 충격을 받은 데서 유래되었다. 즉, 통상적인 관찰과 경험에 의존한 예측을 벗어나 전혀 예기치 못한 극단적 상황이 일어나는 일을 일컫는데, 미국 뉴욕대학교 교수이자 금융분석가 탈레브(Taleb, N. N.)는 저서 『블랙스완』에서 세계금융시장의 중심가인 뉴욕 월가 증시의 대폭락 가능성과 국제금융위기를 예측했다. 2001년 9·11테러, 2008년 서브프라임 모기지론 사태 등이 블랙스완에 비유되었는데, 세계경제에 엄청난 충격과 파장을 가져왔던 사건들이었다.

그런데 현대의 의학기술 속에서 코로나19는 마치 블랙스완 같은 존재라고 하겠다. 이전에 사스, 신종플루, 메르스 등을 거치면서 바이러스는 어쩌면 화이트스완의 존재 정도로 여겼기에 블랙스완 같은 코로나19 바이러스의 출현은 커다란 충격을 가져다주었다. 또 최근 금융계의 경제전문가들은 세계경제에 더 위협적인 네온스완 현상도 배제할 수 없다고 한다. 네온스완은 백조가 스스로 빛을 내는 일, 즉 절대 발생하지 않을 것 같은 위험한 상황을 말하기에 그 파장을 가늠하기조차 힘든 경각심을 준다.

거기에 세계의 안보 및 정치와 맞물린 경제상황은 더 녹록치 않다. 장기적인 저성장과 실업으로 인한 일자리문제 등으로 세계는 자국민들의 먹고사는 문제와 복지문제를 고민하고, 특히 최근 미국으로부터 부각된 각국의 보호무역주의가 갈수록 거세지고 있어 경제공동체나 자유무역, 다자주의 등의 국제무역질서가 흔들리고, 거대한 시장의 두 나라인 미국과 중국의 무역 갈등으로 몹시 혼란스러운 시기에 놓여 있다. 우리나라는 내수경제보다는 수출경제가 차지하는 비중이 상대적으로 크고, 특히 중국과 미국에 대한 의존도가 엄청나기 때문에 실로 우려되는 바가 가중될 밖에 없다.

이처럼 세계경제의 흐름은 안개 속처럼 앞이 보이지 않고, 기업경영환경은 그 중심을 잡기 어려워졌다. 그렇다면, 지금 우리가 할 수 있는 것, 해야만 하는 것은 무엇인가? 위기의 포스트 코로나 시대에 어떻게 적응할 수 있을까? 어떻게 해야 이 불확실성의 시대에 블랙스완, 나아가 네온스완이 출현하더라도 그 충격적인 환경에서 적자생존할 수 있을까?

그러기 위해 지난 2020년 5월 4일자 문화일보에 게재되었던 '포스트 코로나 시대의 19가지 뉴 트렌드' 목록을 간단히 살펴보며 참고해보자.

더 커진 국가의 역할		
1	빅·스마트정부	생명·안전 위해 '스마트 국가' 개입 용인
2	인간 안보	전쟁 아닌 인간 자체가 안보의 궁극적 목표
3	머니폴리시(policy)	각국 정부 '역대 최대의 돈풀기' 반복 전망
4	네이션 퍼스트	자국 이익이 최우선… '각국도생 시대' 도래
5	사생활 침해	확진자 동선 공개 큰 역할… '빅브라더' 논란
지구촌 삶의 대전환		
6	지구의 재발견	전세계적 '일시 멈춤'으로 더 깨끗해진 지구촌
7	반(反)세계화	인적 이동 차단으로 이미 '지역화' 시험 마쳐
8	신(新)공동체	위기 속에서 협력해야 한다는 의식 깨어나
9	탈(脫)도시화	쾌적한 교외에서… '에코로지라이프' 재촉
글로벌 파워의 재편		
10	선진국과 선도국	전통적 국가경쟁력 평가 기준 재정의
11	탈(脫) G2	패권국 리더십 큰 상처… 당분간 다극체제로
12	서구우위의 균열	부실 의료시스템 민낯에 선진국 신화 깨져
13	리쇼어링 vs GVC*	'기업 유턴·국제공급망 재편' 선택 기로에

언택트 문화 일상화		
14	홈 루덴스	집에서 안전하게 놀고 즐기는 문화 확산
15	원격교육	온·오프라인 '블렌디드 러닝' 활발해질 듯
16	비대면 산업	'5G 네트워크' 기반 4차 산업혁명 가속
17	스마트 오피스	재택근무 등 기업문화 혁신 급물살
18	콘서트 앳 홈	'랜선' 공연관람… 신(新)문화 소비방식 가능성
19	전문가의 귀환	'집단지성'보다 전문지식·조언에 의존

* GVC(Global Value Chain, 글로벌 가치사슬): 두 개 이상의 국가가 참여하는 생산네트워크

[표 3-1] 포스트 코로나 시대의 19가지 뉴 트렌드

또 2020년 7월, 정부가 발표한 '한국판 뉴딜정책'을 보자. 포스트 코로나 경기회복을 위한 국가 프로젝트로 2025년까지 디지털 뉴딜, 그린 뉴딜, 안전망 강화의 세 축으로 분야별 투자 및 일자리 창출이 이뤄질 계획이다. '뉴딜정책'은 미국 프랭클린 루스벨트 정부가 1929년 대공황을 극복하기 위해 추진한 제반정책으로 공업, 농업, 상업, 금융 등 경제 전 분야에 걸쳐 추진한 일련의 경제 정책인데, 대통령 후보(프랭클린 루스벨트)가 지명 수락 연설에서 사용한 단어인 '뉴딜(New Deal, 새로운 처방)'에서 나왔다.

한편 2020년 7월 말, 국내기업의 글로벌 비즈니스를 지원하는 코트라(대한무역투자진흥공사) 사장은 한 매체에서 이 위기를 극복하기

위해 글로벌시장에서의 기회요인을 잘 찾아서 활용할 것을 강조했다. 특히 그는 글로벌시장에서 수요증가품목 위주의 마케팅 활동 강화와 글로벌 가치사슬의 재편에 적극 대응해 가며 정부와 공공기관 및 기업이 하나가 되어 국제시장에서 팀 코리아로 대응해 나가야 한다고 강조했다.

그러므로 이제 포스트 코로나의 경제 환경에서 생명을 얻고 생존·성장해 가려면 과거의 비즈니스전략이나 수익모델에 집착하지 말아야 한다. 새롭게 재편되어 가고 있는 뉴노멀에 빠르게 적응하고, 나아가 여러 가능성을 열어 둔 넥스트노멀에 대비해야 한다. 이에 필자는 결론적으로 가장 필요한 포스트 코로나 비즈니스전략을 다음과 같이 제시하고자 한다.

첫째, 포스트 코로나 경제를 지원하기 위한 정부의 법률과 선도적 제도를 우선적으로 파악하고, 비즈니스에 적용하라. 안팎으로 위기의 경제 환경에 둘러싸여 있을 때에는 기업이 독자적으로 상황을 판단하고 극복해 나가기엔 역부족이다. 그러므로 국가경제를 회복시키고 국민들의 일자리와 소득보장을 위해 정부는 새로운 법안을 만들거나 제도를 재정비하여 단기 또는 장기적으로 기업생태계가 파괴되지 않도록 보호하려 할 것이며, 기업은 이러한 지원정책을 활용하고 흐름을 같이하는 것이 좀 더 유리한 비즈니스전략 수립이 될 수 있다.

둘째, 경영환경 분석과 경영진단을 통해 생존과 성장이 가능한 기업가치사슬로 비즈니스전략을 리모델링하라. 가치사슬이란 기업이 제품 또는 서비스의 생산을 위해 원재료, 노동력, 자본 등의 자원을 결합하는 과정이며, 기획, 생산, 판매하는 기업 활동이다. 이때 성공적인 비즈니스모델은 기업의 생산성을 높여주거나, 소비자의 혜택을 증대시킬 수 있는 제품이나 서비스가 경쟁우위에 있게 된다. 특히 이동제한에 따라 비대면으로 이뤄지는 언택트 구매방식과 소비문화는 고객의 생애가치, 즉 '편리함'과 '즐거움'까지 얻는 부가가치를 창출할 것이다. 그러므로 기업은 생산과 판매는 물론 고객의 가치창출 소비활동까지 각 단계별로 사슬처럼 연결고리를 형성해 기업경쟁력을 높일 수 있는 전략적인 비즈니스모델을 만들어야 한다.

셋째, 포스트 코로나 시장의 유망상품 및 소비트렌드 제품과 서비스를 개발하여 고객에게 전달하고, 소비하는 과정에 관여된 투자와 마케팅활동에 집중하라. 우선 인간의 의식주에 관련된 소비활동이 코로나 이전과 비교해 명백한 변화를 가져왔고, 이런 패턴은 추후로도 증가될 것이며, 더구나 ICT기술의 탑재와 4차 산업 결합 방식으로의 변화는 더욱 가속화할 것이다. 가정 등 소규모 단위로 일상생활의 중심축이 더 많이 형성되고, 밀집과 밀폐, 밀접을 회피하기 위해 타인과의 접촉을 줄이는 독립된 공간 또는 반대로 넓은 자연을 찾게 될 것이며, 심리적 불안을 완화시킬 감성아이템의 수요가 증가할 것이다. 또 방역지침과 감염병 관련 의료기기와 의약품 등의 의료산업은 큰 폭으로 성장할 수밖에 없다. 따라서 이러한 소비재와 생산재, 공공재의 제품과 서비스를 위해 차별화된 비즈니스전략과 마케팅을 강화해야 한다.

넷째, 글로벌시장에서의 성공요인에 대한 안전장치를 마련하고, 지원체계를 적극적으로 활용하라. 경계를 넘는 글로벌시장, 생산원자재와 설비, 노동력의 효율성을 우선으로 하여 공격적인 투자와 경영, 그리고 오프라인은 물론 온라인 유통경로까지 지금까지와는 다르게 변모해야 한다. 소비재와 산업재의 종류와 규모뿐만 아니라 복잡하게 얽혀 있는 글로벌 가치사슬이 코로나 상황전개에 따라 이미 새롭게 재편되고 있다. 이전의 생산 장소나 생산체계, 판매방법, 전달과정은 글로벌시장에서의 생명력을 잃어 가고 있기도 하다. 즉, 그것이 장점·강점이었다고 해도 지금은 오히려 단점·위협요인으로 작용할 수 있다. 이미 글로벌시장에 진출했거나 시장점유율 선점에 성공했다고 하더라도 이제 전면수정이나 방향전환을 해야 할 수도 있고, 아예 처음부터 다시 포스트 코로나 비즈니스전략으로 혁신해야 할 수도 있다.

포스트 코로나 경제는 서서히 변해야 할 산업생태계가 급류의 소용돌이에 휘말린 격이다. 그런 가운데 2020년 유엔의 자문기구인 지속가능발전해법네트워크(SDSN)의 '지속가능한 개발 2020(Sustainable development 2020)'이라는 보고서는 경제협력개발기구(OECD) 33개 국가들 중 한국을 코로나19 모범 사례로 꼽았으며, 2021년 경제협력개발기구(OECD)는 한국의 경제 성장률 전망치를 3개월 전보다도 0.5%p 높인 3.8%p로 제시했는데, 이는 세계의 주요 20개국(G20) 평균(0.1%p)과 유로존(0.4%p)보다도 높았으며, 미국(0.4%p), 독일(0.3%p) 등 주요 선진국보다도 높았다.

그러면서 한국 경제에 대해 "수출 호조와 확장적 재정정책 등의 영향으로 회복세가 강화되고 있으며, 코로나 확산세는 정체되고 있다"고 평가했고, "확장적 거시정책과 '펜트업(pent-up: 억눌림)' 소비 등의 영향으로 민간소비가 개선되는 가운데 한국판 뉴딜에 포함된 기업과 정부의 투자 확대가 성장세를 촉진할 전망"이라고 예상하면서 "한국은 올해와 내년에 걸쳐 강하고 안정적인 성장을 이어갈 것"

이라고 내다봤다. 국책연구기관인 한국개발연구원 KDI도 코로나 19 이후 처음으로 '경기가 회복되고 있다'는 진단을 내리면서 수출을 중심으로 경기가 완만하게 회복하면서 기존 성장경로와의 격차도 줄일 것이라 평가했다.

포스트 코로나, 언제든 이런 위기상황이 또 불어닥칠지 모른다. 그러나 풍전등화(風前燈火)같은 불안함으로 나약하게 서 있을 수만은 없다. '한쪽 문이 닫히면 다른 쪽 문이 열린다'고 한 성서의 말도 있고, '하늘이 무너져도 솟아날 구멍이 있다'는 속담도 있지 않은가? 완전히 막혀버린 듯하지만, 다시는 일어설 수 없을 것 같지만 길이 있고, 방법이 있다. 그러므로 기업은 이러한 기회요인을 찾아내고, 기업내·외부의 상황을 철저히 분석해 버텨내야 한다. 설사 고립되고 낙오되었더라도 지형지물을 최대한 활용하고, 구조대의 힘을 빌어서라도 살아남아야 한다. 그리고 새로운 성장가도로 진입할 수 있도록 혁신적 비즈니스전략을 수립해야만 한다.

제4장

성공가능한 경영자

감성소통과 설득코칭으로
경영자의 역량을 강화하라

"어떤 리더가 되고 싶으세요?"라는 질문을 자주 해본다. 그러면 주저 없이 돌아오는 대답의 십중팔구는 "좋은 리더가 되고 싶습니다!"라고 한다. 그렇다. 이는 어쩌면 우문현답일지도 모른다. 그런데 그 다음 질문으로 "좋은 리더는 어떤 리더일까요?"라고 한 번 더 질문하면 대개의 경우는 답변을 머뭇거린다. 조직을 이끌어가는 리더나 기업을 경영하는 경영자가 좋은 리더, 좋은 경영자가 되기 위해서는 어떻게 해야 할까?

특히 기업의 리더로서 경영자가 많은 생각과 체험과정을 통한 배움으로 리더에 대한 수많은 정의를 내려보고, 좋은 리더가 되기 위해 다양한 방법들을 익혀 왔겠지만, 아직도 대다수의 경영자들은 자신이 어떤 리더로서 어떻게 해 나가야 할지에 대한 방향이나 확신이 부족하다고 호소한다. 그러다보니 경영자의 자존감에는 적지 않은 상실감이 쌓이게 되고, 이는 지속가능한 조직의 성과향상이나 효율적 경영에 부정적인 영향을 미치게 된다.

따라서 창업을 하고 성장을 거듭해 가면서 지속가능한 기업경영을 해 나가기 위해서 좋은 리더가 되기 위한 추상적이고 이상적인 개념이 아닌, 실질적이고 구체적인 방법을 알아야 하겠다. 그리고 그리 어렵지 않고 스스로도 즐거운 마음으로 쉽고 편안하게, 바로 오늘부터 현장에서 실천해볼 수 있는 실현가능한 방법이면 더 좋겠다.

이에 필자는 두 가지 방법을 제안하고자 한다. 그것은 '감성소통'과 '설득코칭'이다. 이는 지난 20여 년 동안 조직의 리더로서 활동하고, 지난 10여 년간 조직과 기업을 연구하고 교육하고 컨설팅해 오면서 얻은 결론이기도 하며, 특히 시대적 요구와 트렌드를 반영해 '감성소통', '감성코칭', 그리고 '감성마케팅'과 관련된 세 권의 저서를 출간하며 쌓아 온 노하우라고도 하겠다. 그에 앞서 필자의 논문주제가 바로 내부고객 마케팅이며, '감정노동', '직무스트레스', '자기 효능감', '관계유대', '조직충성도', '이직의도' 등을 주제어로 연구했던 자료가 그 근거가 된다. 그러므로 이 주제에서 필자가 말하는 두 가지 방법을 적극적으로 실행에 옮기고, 꾸준히 지속해 간다면 조직의 성과향상은 물론 당신도 자타가 공인하는 좋은 리더가 되는 데에 많은 도움이 될 것이다.

약 10여 년 전부터 NCS(National Competency Standards)라는 개념이 있었다. NCS는 국가직무능력표준(國家職務能力標準)이라고 말하며, 산업현장에서 직무를 수행하기 위하여 요구되는 지식, 기술, 소양 같은 내용을 국가가 산업 부문별, 수준별로 체계화한 표준으로 고용과 교육, 자격을 체계화한 시스템이며 산업현장의 직무를 성공적으로 수행하기 위하여 필요한 능력(지식, 기술, 태도)를 국가차원에서 과학적이고 체계적으로 도출해 표준화한 것이다. 그리고 여기에는 직종이나 직위에 상관없이 모든 직업인들에게 공통적으로 요구되는 기본적인 능력 및 자질로서의 직업기초능력이 공통적으로 포함되어 있다.

그런데 이 직무수행을 위해 요구되는 지식과 기술, 태도에 대해 알기 위해서는 어떠한 직무를 수행해야 되는지, 즉 직무수행내용을 먼저 명확히 알아야 한다. 당연한 이야기지만 무슨 일을 하는지에 따라 필요한 역량이 달라지기 때문이다. 그러므로 리더로서 경영자의 직무수행역량을 강화하려면 먼저 어떤 임무를 수행해야 하는지, 어떤 것인지부터 좀 더 명확히 해야 한다.

왜냐하면 대부분의 창업기업이나 중소기업, 그리고 꽤 오랜 업력을 쌓아 온 중견기업들마저도 경영자의 핵심 직무나 역할에 대한 구체적인 업무분장이 되어 있지 않은 경우가 많기 때문이다. 굳이 그럴 필요가 없다고 생각하기 쉬우며, 있어도 두루뭉술하게 업무총괄, 경영총괄, 대표자 정도로만 표현되어 있다. 그러다보면 경영자로서 꼭 해야 할 업무를 안 하는 경우가 자주 발생하고, 반대로 하지 않아도 될 일을 함으로써 오히려 역효과가 나거나 해야 될 역할을 못 하는 상황도 일어나게 된다. 그러므로 경영자가 직무를 잘 수행하며 좋은 리더가 된다는 것은 조직의 역량강화에 우선적인 요소 중의 하나이며, 각 조직과 기업의 상황에 따라 명시된 직무를 수행하기 위한 지식과 기술, 태도의 직무수행역량을 갖추는 것은 기본이다.

그러므로 초기 스타트업일수록, 규모가 작고 인원이 적을수록 리더로서 경영자의 직무에 대한 일련의 리스트 작성에 의한 업무를 명시하는 것은 반드시 필요하고, 중견기업이라 하더라도 지금 그

작업을 해봐야 한다. 물론 이 작업은 경영자뿐만 아니라 직원 전체에 대해서도 정확한 업무분장과 직무기술서를 작성하고, 직무명세서를 만드는 과정이 함께 있어야 한다. 그렇게 되면 조직이 훨씬 더 효율적으로 관리되고, 구성원이 채용·교육·승진 및 보상 등의 역량강화와 역량평가에도 상당히 유용한 자료가 된다는 것도 말해 둔다.

그런데 앞서 언급한 직무수행역량을 위해서는 직업기초능력을 간과해서는 안 된다. 아니, 오히려 가장 기초적으로 요구되는 역량이며, 직무수행역량을 강화시켜주는 역량이라고 할 수 있겠다. 직업기초능력은 10개 영역과 34개 하위영역으로 구성되어 있으며, 그 세부내용은 아래 표와 같다.

10개 영역	34개 하위영역
의사소통능력	문서이해능력, 문서작성능력, 경청능력, 의사표현능력, 기초외국어능력
자원관리능력	시간관리능력, 예산관리능력, 물적자원관리능력, 인적자원관리능력
문제해결능력	사고력, 문제처리능력
정보능력	컴퓨터 활용능력, 정보처리능력
조직이해능력	국제감각, 조직 체제 이해능력, 경영이해능력, 업무이해능력
수리능력	기초연산능력, 기초통계능력, 도표분석능력, 도표작성능력

10개 영역	34개 하위영역
자기개발능력	자아인식능력, 자기관리능력, 경력개발능력
대인관계능력	팀워크능력, 리더십능력, 갈등관리능력, 협상능력, 고객서비스능력
기술능력	기술이해능력, 기술선택능력, 기술적용능력
직업윤리	근로윤리, 공동체윤리

[표4-1] NCS 직업기초능력 10개 영역과 34개 하위영역

앞에서 살펴본 직업기초능력 중 가장 우선순위는 의사소통능력이다. 아무리 우수한 지식과 기술의 직무수행역량을 가지고 있더라도 서로 소통하지 않으면 아무 일도 일어나지 않거나 잘못된 일이 일어날 수 있다. 즉, 성과를 달성하지 못하거나 비효율적인 결과를 낳게 된다는 것이다. 그러므로 의사소통능력과 대인관계능력은 문제해결에 있어 가장 중요하며, 다른 역량들과도 모두 연결되어 있는 윤활유라고 볼 수 있다. 따라서 경영자의 의사소통능력과 조직관리를 위한 관계능력은 반드시 강화해야 할 핵심요소임을 알 수 있다.

그러면 잠시 역사 속 일화를 보며 경영자가 갖춰야 할 의사소통능력과 대인관계능력에 관련한 리더의 덕목과 태도를 생각해보자. 열아홉에 장원급제 후 스무 살에 파주 군수가 돼, 자만심으로 가

득 차 있던 맹사성이 어느 무명 선사를 찾았던 유명한 일화다. "스님, 군수인 제가 좌우명으로 삼아야 할 것이 무엇입니까?"라고 묻자, "그러면 좋은 일만 하십시오!"라고 무심히 대답한다. 이에 무시당했다고 여긴 맹사성은 "그건 삼척동자도 다 아는 이치인데, 고작 그것뿐이오?"라고 벌컥 화를 내며 거만하게 일어선다. 그러자 선사는 녹차나 한잔 하고 가라며 찻잔에 넘치도록 차를 따르고, 이에 "스님, 찻물이 넘쳐 방바닥을 망칩니다!"라고 소리친다. 선사가 아랑곳하지 않고 태연하게 계속 차를 따르다가, 잔뜩 화가 난 그에게 "찻물이 넘쳐 방바닥을 적시는 것은 알면서 지식이 넘쳐 인품을 망치는 것은 어찌 모르십니까?"라고 한다. 그러자 맹사성은 부끄러워 황급히 일어나 방문을 열고 나가려 했고, 이내 문틀에 머리를 세게 부딪혀 당황한다. 이때 선사는 빙그레 웃으며 "고개를 숙이면 부딪히는 법이 없지요!"라고 이른다. 이후 맹사성은 부단한 학문탐구로 지성(知性)을 키우고, 이를 자신의 상황에 접목시키려는 이성(理性)을 더하고, 실천하기 위해 감성(感性)으로 표현하며 그야말로 좋은 리더로 존경받았다고 한다.

머릿속에 든 지식은 그대로 머물면 현실적으로는 아무 의미가 없다. 그 지식은 깨닫는 지혜가 더해져 이성적인 생각이나 의지, 태도로 바뀌어야 하고, 더 중요한 것은 그것을 적극적으로 실행하는 것이다. 마음속에 품은 생각을 표현하지 않으면 그것이 무엇인지 아무도 모른다. 그런데 그 생각을 잘못 표현하거나 상대에게 잘못 전달됐을 때는 의도하지 않게 전혀 다른 방향으로 흘러가기 십상이다. 그렇기 때문에 감성이 중요하다. 다시 말해 본질이나 내용, 목적은 이성이며 그것을 표현하고 전달하는 방법이나 과정은 감성이다. 즉, 본질적 내용은 시각, 청각, 후각, 미각, 촉각 등 오감을 통해 나타나는 감성으로 상대방에게 전달돼 감정을 형성하게 되므로 소통과 관계형성에 있어 매우 중요하게 작용한다. 심리학자 앨버트 매러비안의 '매러비안 차트'에 따르면 의사소통에서 내용인 언어적 부분이 효과에 미치는 영향은 겨우 7%에 불과하고, 93%는 시각적요소와 청각적요소 등 비언어적인 자극과 전달경로가 소통결과에 효과를 미친다고 했다.

그러므로 자신의 생각과 의도를 전달하는 방법과 과정에, 어떤 상황에서 어떻게 보여지고 들려지게 할 것인가에 힘을 기울여야 한다. 그리고 자신의 감성표현에만 노력할 것이 아니라 상대방의 감성을 이해하고 더 나아가 그것을 공감하고 함께 배려하려는 감성능력이 더해져야 한다. 이를 심리학자 다니엘 골먼은 '감성지능'이라 일컬었으며, 인간은 이성에 호소하는 데 한계가 있고, 감성과 감정에 호소해야 변할 수 있다고 강조했다. 머릿속으로 합리적인 이해는 가능하지만, 가슴속에서 감정의 변화가 생기고 감동이 일어나야만 행동으로 옮겨질 가능성이 높기 때문에 리더에게 반드시 필요한 역량이 바로 감성소통능력이라는 것이다. 이제까지 이런 부분들을 중요하게 여기고 잘해 왔다면 어려운 상황 속에서도 잘 이겨내 왔을 것이고, 만약 무시하고 소홀히 했다면, 아무리 좋은 의도와 목적으로 많은 시도를 했다 하더라도 그 성과는 미미했거나 지속가능하지 못했을 것이며, 매우 비효율적인 경영이 반복되어 이른바 '좋은 리더'가 되기 어려웠을 것이다. 이제부터라도 변화해야 되지 않겠는가?

이는 한국CS표준센터의 통계에도 잘 나타난다. 조직의 소통과 성과에 대한 효율성을 측정해보았더니, 권위주의적 소통으로는 효율성이 30%에 불과했으나, 칭찬을 했을 때는 50%, 존중과 배려의 소통에서는 70%, 그리고 감성적 소통에서는 90%가 넘는 결과를 가져왔다고 한다. 자, 이제 당신이 리더라면 어떤 소통방법을 사용하겠는가? 성패여부는 지금부터 당신에게 달렸다.

또한 경영자가 좋은 리더가 되려면 가장 좋은 설득 방법 중 하나인 코칭기법을 활용하는 것이 좋다. 일방적인 명령, 통제, 비난, 거절보다는 협조와 권유로 이해를 이끌어내어 수용을 가능케 하는 방법으로 조직의 향상을 불러올 수 있다. 리더의 생각이나 입장에서 비롯된 결론을 지시하기보다는 그것을 직접 실행해야 하는 사람들이 스스로 생각하게 하고, 실행 가능한 방향을 설정하고 가장 현실적인 방법을 찾게 이끌어가며 돕는 과정이다.

답은 내부에 있다. 외부에서 찾아준 답은 그들이 처해 있는 상황과 입장을 고려하지 않았을 가능성이 높기 때문에 그 답안대로 시행하는 과정에서 많은 오차가 발생하기 쉽고, 리더가 원하는 조직의 목적달성도 불투명하게 된다. 이렇게 반복되고 고착화된 조직문화와 리더십은 효율적이지 못하고, 악순환을 거듭해 여러 가지 면에서 손실을 초래한다. 리더도 조직도 오래토록 성장하고 발전해가기 어렵고 함께 행복해지는 것은 불가능해진다.

그렇다면, 내부에 숨어 있는 답을 이끌어내는 코칭을 리더가 어떻게 활용할 수 있으며, 그 방법은 무엇일까? 그것은 늘 '질문'을 통해 자신이 나아갈 길을 찾도록 해 스스로 확신하게 하고, 더 효과적인 좋은 방법을 찾아 실행력을 높이는 것이 핵심이다. 즉 "이렇게 하라!"보다는 "어떻게 하면 좋겠어?" 또 "그것은 틀렸다!"보다는 "왜 그렇게 생각하는가? 또 다른 방법은 없을까?"라고 물어보라. 거기에 "그렇게 하려면 무엇이 필요할까?", "그것을 해 나가는 데 어려움은 무엇일까?", "그 어려움을 해결하려면 어떻게 해야 할까?", "그것을 해결할 수 있는 자원 조달이나 도움 요청은 가능한가?" 등 끊임없이 질문하고, 또 질문하라! 이러한 방법이 시간낭비라 여겨질 수 있고, 질문에 대한 답을 찾아내는 것도 어색할 수 있다. 괜찮다. 처음이라 그렇다. 그런 방식에 익숙하지 않아서 그렇다. 계속 훈련하고 익숙해지면 어느덧 자연스럽고 당연하게 받아들여질 것이다. 그리고 그렇게 내부로부터 각자 스스로 찾아낸 답은 이전에 리더와 몇몇 사람의 의견만으로 내려진 결론을 전달하고 추진했을 때보다 그 실행속도와 목표달성에 있어 매우 효과적이고 효율적임을 경험할 것이다. 코칭과정에서 걸린 시간과 비용을 보상하고도 남는다는 것을 알게 될 것이다.

이제 전문성인 이성적요소와 리더십이라는 감성적요소를 고루 갖춘 리더를 필요로 하는 시대다. 강력한 카리스마식 리더나 헌신적 서번트식 리더만으로는 부족하다. 4차 산업혁명으로 기계와 문명이 발달할수록 상대적으로 인간과 감성에 대한 욕구도 커질 것이다. 기업의 구성원들과 거리낌 없이 공감하며 소통하는 감성리더, 이해와 수용과 설득을 내세우는 코칭리더가 협업을 이끌어내 성과를 향상시켜야 행복한 조직으로, 성공하는 기업으로 지속가능한 경영을 할 수 있다. 좋은 리더가 되고 싶다면, 성공하는 경영자가 되고 싶다면 지금부터 감성으로 소통하고 코칭으로 설득하라!

참고로 이 항목과 관련된 보다 구체적이고 자세한 내용은 필자의 또 다른 저서 『사람의 마음을 사로잡는 감성소통』과 『공감으로 소통하는 신은희 멘토의 감성코칭』에서 만나볼 수 있으며, 감성소통과 설득코칭에 대해 쉽고 흥미롭게 이해하고 실행해볼 수 있는 지침서가 될 것이다.

기업의 핵심경쟁력,
경영자의 브랜드이미지

"기업의 이미지가 기업의 가치를 좌우한다", "경영자의 이미지가 기업의 이미지다"라고들 한다. 기업의 이미지는 고객들에게 그 기업의 상품가치로 인식되는 것이 당연하게 여겨지고 있으며, 투자가들에게는 주식가치를 평가하는 데 하나의 중요한 기준이 되고 있다. 그러므로 기업의 제품과 서비스의 상품가치를 높이고 기업가치를 향상시키기 위해서는 기업의 이미지를 높여야 하고, 그 기업의 이미지를 높이는 데 반드시 필요한 핵심요소 중의 하나가 바로 경영자의 이미지다. 즉, 경영자에 대한 평판이나 명성 등은 곧 기업의 브랜드이미지로 대변되기도 해 기업의 생존과 성장을 위한 경쟁력 강화의 기본 요인으로 자리 잡고 있다.

이 경영자의 이미지, 사회적 명성과 평판이 기업에 미치는 영향에 대해 PR커뮤니케이션 회사인 웨버 샌드윅의 보고서를 참고해보자. 이 보고서에서 전 세계 1,700명의 임원을 대상으로 진행한 설문조사에 따르면 45%의 임원들이 "기업의 명성은 CEO의 명성에서 기인한다"고 대답했으며, 50%의 임원들은 "향후 수년 내에 CEO의 명성이 기업의 명성보다 중요해질 것"이라고 했다.

또 글로벌 컨설팅 회사 딜로이트에서 포비스와 공동으로 글로벌 대표 기업들을 대상으로 300명 이상의 임원진에게 평판 리스크에 대해 설문을 진행한 결과에서는 전체 응답자의 87%가 평판 리스크는 경영전략의 관점에서 다른 어떤 리스크보다 중요하게 관리해야 한다고 했다. 이처럼 경영자의 부정적인 평판은 기업경영에 있어서 핵심 리스크인 것으로 나타났다.

기업들은 끊임없이 생겨나고 제품은 넘쳐나며 그에 대한 정보는 홍수처럼 밀려드는 시대다. 이제 투자자들이나 고객들은 기업이나 제품을 선택할 때에 일반적인 기준만으로 결정하지 않는다. 보다 세밀한 부분까지 차별화된 브랜드가치를 평가하고 있는데, 무엇인가 더 예외적인 가치요소들을 찾고 있다. 아이러니하게도 제품의 본질적인 속성이나 특징 그리고 서비스를 포함한 절차도 중요하지만, 그것들과는 좀 다른 부분에서 기준을 세우고, 핵심단서를 필요로 하는데, 그것은 바로 기업의 평판이나 경영자의 행보에 더 민감하게 반응하고 있다는 것이다. 역설적으로 투자나 구매결정을 좌지우지하는 요소 중의 하나가 바로 브랜드이미지이며, 이것은 브랜드파워로 작용하게 된다.

이렇듯이 브랜드파워로서의 경영자의 브랜드이미지가 기업의 가치와 고객지향적 경영활동에 얼마나 큰 파급효과가 있는가에 대해서는 더 이상 논란의 여지가 없으며, 브랜드이미지 상승으로 매출이나 주가상승으로 이어지는 매우 긍정적인 효과를 거두기도 하지만, 반대로 한순간에 매출감소나 주가하락을 가져와 기업가치가 심각하게 훼손되어 경영위기를 초래할 정도로 부정적인 경우도 많다. 특히 IT기술을 기반으로 한 인터넷, SNS 등으로 연결된 정보전달의 폭발적인 수요와 엄청난 속도를 타고 이러한 효과를 더 촉진시키고 있다. 더구나 감성의 시대라고 일컫는 지금, 그 파급력은 상상할 수 없을 정도로 커지고 있으며, 최근에는 기업의 인재채용에까지도 영향을 미친다는 사실이 알려지면서 그 중요성이 더욱 부각되고 있다.

그렇다면 경영자들의 부정적인 이미지로 인해 기업의 가치를 손상시키고, 경영에 위협적인 상황을 야기한 우리 기업들의 최근 몇 년 동안의 사례를 보자. 글로벌 기업으로 성장한 피자 프랜차이즈 기업의 경영자가 경비원에게 했던 막말과 폭행, 치킨 프랜차이즈 회사의 경영자가 여직원을 상대로 한 부적절한 성추행, 굴지의 건설회사 경영자의 상습적인 운전기사 폭행, 장수 식품기업 경영자의 운전기사에 대한 학대 수준의 지속적인 폭언과 폭행, 또 국내 최대 우유회사 경영자의 갑질에서 비롯된 일이 비리와 횡령 등으로 확대되어 공개된 경우, 성공신화로 손꼽혀 왔던 건강식품의 경영자가 SNS를 통해 다수의 여론과는 사뭇 다른 자신의 정치적 소신과 관련된 동영상을 공격적으로 게재한 파문, 거기에 국내 최고라고 여겨지는 극단대표의 고질적인 성폭력 관련 사건이 수면 위로 드러나 일파만파가 된 경우 등 이루 헤아릴 수도 없이 많다.

이는 경영자의 안일한 사고방식이나 그릇된 관념에서 비롯된 일상적인 습관이나 평소의 태도와 언행 등이 겉으로 나타난 결과이다. 간혹 방심하다가 덜미를 잡히고 만 경우도 많다. 요즈음 특히 갑질 문화 근절이나 직장 내 괴롭힘, 성폭력 등에 대한 사회적 요구도와 민감도가 최고조에 이르러 있는데도 불구하고, 이에 대한 인지부족과 잘못 형성된 윤리의식, 개선되지 않는 기업문화 등은 기업경영을 위태롭게 만들고 있다. 공든 탑이 무너진다는 속담처럼 그야말로 한순간에 모든 것을 잃고 나서야 '후회스럽다'고 허리를 굽혀 고개를 숙이고, 뒤늦게 사죄하는 오너들을 볼 때 안타까울 지경이다.

거듭 강조하지만, 더 이상 제품과 서비스의 우수한 품질과 만족스러운 절차만으로 그 상품의 가치와 기업의 가치가 평가되지 않는 시대다. 고객들은 기업이 이윤을 추구하는 방식이나 절차, 그리고 그 이윤이 어떻게 사용되는지에 대해 관심이 커졌으며, 그러한 이면적 부분을 경영자의 이미지로 가늠하고 있는 것이다.

직접 자신이 겪은 일이 아니더라도, 또 자신에게 피해를 주진 않았더라도 경영자의 도덕성과 인격, 품성의 잣대를 기업선택의 기준으로 삼고 있고, 갈수록 이러한 추세는 더 낱낱이 드러날 것으로 보이며, 그 정도는 점점 강해질 것이 분명하다. 가치 있는 소비, 윤리적인 소비, 신뢰 있는 거래, 미래지향적인 계약을 원하는 고객들의 요구사항이 경영자의 브랜드이미지와 연결된 기업브랜드가치로 귀결되고 있는 것이다. 기업인이자 투자자인 워렌 에드워드 버핏은 "많은 금액의 돈을 잃는 것은 회복이 가능하지만, 아주 적더라도 명성을 얻는 것은 회복하기 어렵다"고 했다. 위에서 언급한 사례들이 이를 잘 대변해주고 있다.

한편 이와는 반대로 경영자의 긍정적 브랜드이미지로 더 성공한 글로벌 기업의 경영자들도 많다. 다양한 측면에서 서로 다른 경영자의 브랜드이미지를 구축했던 사례들을 살펴보자. 애플의 스티브 잡스가 자신의 경영철학을 세상에 펼쳐나가며 고객들과 함께 호흡하고 소통하는 과정에서 전파한 혁신과 창조의 아이콘 이미지, 기업의 이윤을 사회와 이웃에 기부하며 부도덕한 부의 축적이 아닌, 건실한 기업 활동으로 인식되도록 만들어 온 마이크로소프트의 빌 게이츠, 또 알리바바의 마윈이 도전과 성공을 설파하며 미래의 희망을 향해 던졌던 에너지는 글로벌 브랜드이미지를 확고하게 구축하는 데 기여하는 바가 컸다. 그런가 하면 월마트의 창업자 샘 월튼은 월마트 로고가 찍힌 야구모자에 픽업트럭을 몰고 다니는 시골 아저씨의 모습으로 그의 사무실은 세계 최고기업 창업주라고 하기엔 너무나 작고, 시간제 근로자들도 아무런 약속이나 예고 없이 그를 찾아갈 수 있도록 늘 문을 열어놓으면서 한 가족이라고까지 떳떳하게 말한다고 한다. 그렇게 검소함을 몸소 실천하면서 직원들에게 솔선수범의 삶을 그대로 보여주면서 기업 내부는 물론 외부고객들에게도 공감과 신뢰를 얻었다.

국내기업의 사례 중 하나를 보면, '갓뚜기'라고 불리면서 고객들에게 착한 기업으로 각인된 오뚜기, 고용불안으로 고용안정이 커다란 이슈인 이 시대에 전사원을 정규직으로 구성하는 것을 기본으로 투명한 지배구조와 정직한 세금납부 등 기업의 사회적 책임을 다하며 윤리경영을 실천하고 있다는 것이 경영자의 긍정적인 브랜드이미지로 각인되었다. 이는 중견기업으로서의 높은 브랜드가치를 얻는 데에 큰 힘을 발휘했고, 브랜드파워의 상승으로 이어진 사례라고 하겠다.

이렇게 증명되었듯이 기업의 브랜드가치에 커다란 영향을 주는 자산으로서 성공적인 비즈니스를 위해 필수불가결한 부분이 되고 있는 경영자의 브랜드이미지는 곧 기업의 대표적인 브랜드요소다. 이는 경영자가 개인의 대외적인 홍보와 내부적인 리더십을 갖기 위한 것에서부터 더 넓게 확장되어 자신이 경영하고 있는 기업과 브랜드의 정체성(Identity)을 강화하는 중요한 의미를 가진다. 그리고 경영자의 이미지는 단순히 한 가지만의 시각적 요소나 글로 적어놓은 경영철학이 아니라, 다양한 요소들이 결합되어 나타나는 통합적 이미지이다. 경영자의 마음가짐과 외모는 물론 행동까지 어우러져 형성되며, 이때 선천적인 요인도 무시할 수 없는 영향력을 가지기도 하지만, 후천적으로 형성되는 폭넓은 전략적 요인들을 다각적으로 만들어나가야 한다. 거기에 기업의 사회적 책임활동까지도 다해 가며 전반적으로, 통합적으로 관리해야 긍정적 브랜드이미지 형성이 가능해진다.

　물론 경영자라고 해서 완벽할 수는 없다. 그리고 기업이나 제품의 가치를 반드시 경영자와 동일시해야 한다는 것도 아니다. 다 그럴 수도 없다. 하지만, 기업의 근본이 되는 기업가 정신을 실현시켜 가는 과정에서 경영자의 자질이나 역량을 보여주는 정체성은 내·외부적으로 기업의 정체성으로서 인식된다는 것은 틀림없는 사실이다. 그러므로 경영자는 항상 올바른 기업윤리의식을 함양하도록 노력해야 한다. 기업에 관련된 그 전반적인 경영측면은 당연하고, 일상생활이나 지극히 사적인 개인생활까지도 염두에 두어야 한다. 그리고 평소에 보여지는 경영자의 모습이나 태도, 언행을 통해 기업의 경영철학이나 고객지향적 경영방침이 나타날 수밖에 없다는 것을 반드시 기억해야 한다. 고객들은 경영자의 아주 사소한 습관이나 무심코 내뱉은 말 한마디까지도 기업의 이미지와 따로 분리하지 않는다는 것을 현실로 받아들여야 한다. 절제되지 않은 행동이나 조절되지 못한 감정표현으로 매너 없는 경영자는 기업의 브랜드이미지에 부정적으로 치명적인 영향을 끼치게 된다.

　따라서 경영자는 그 기업과 제품을 가장 잘 표현하는 브랜드이미지, 차별화되면서도 긍정적인 브랜드이미지를 확립하기 위해 부지

런히 노력하고 지속적으로 관리해 나가야 한다. 그리고 자신의 이미지가 어떻게 형성되어 있는지 돌아보고 진단한 후, 보완하고 개선해야 한다. 기업의 경쟁력강화에 큰 힘이 되는 경영자의 브랜드이미지를 지속가능한 기업경영의 중요한 콘텐츠로 인식해야 한다. 경영자는 기업 브랜드파워의 핵심자산이다.

경영자의 퍼스널브랜딩, 비즈니스매너로 어필하라

"당신은 어떤 사람인가?", "당신의 매력은 무엇인가?", "당신은 무엇으로 다가갈 것인가?" 등의 질문을 받는다면 한마디로 대답할 수 있거나 선뜻 보여줄 수 있는가? 만약 당신이 최고경영자나 기업의 주요임무를 맡고 있는 사람이라면 다른 사람들이 당신에 대해 어떻게 생각하고 받아들이는지에 대해 반드시 항상 생각해봐야 한다. 왜냐하면 당신이 보여주는 태도나 언행은 일상적인 업무수행에서 협업을 하거나 중요한 비즈니스를 수행할 때 상대방의 의사결정에 상당한 영향을 줄 수 있기 때문이다.

따라서 성공적인 경영자로서 지속가능한 경영을 위해 비즈니스매너는 매우 중요해졌다. 그리고 비즈니스매너는 그 사람의 이미지 형성에서 결정적인 부분이 되며 이미지는 곧 그 사람을 대변하는 브랜드로 작용한다. 즉, 비즈니스매너는 퍼스널브랜드에서 가장 대표적인 요소이며, 경영자의 퍼스널브랜딩과 브랜드이미지가 성공적인 기업경영을 위한 기업가치 평가요소로 작용한다는 것은 이미 앞 주제에서 자세히 다루었다.

브랜드(Brand)는 어떤 사람이나 상품의 이름을 듣거나 보았을 때 그 대상을 안다는 것과 동시에 떠오르는 느낌으로 이름값이나 브랜드에 대한 기대치로서 브랜드의 가치는 단지 식별기능을 넘어 자산기능까지 가진다. 그러므로 상품성과 시장성을 위해 브랜드이미지와 브랜드가치는 마케팅(Marketing)에서 가장 중요하게 다루는 요소다.

그리고 퍼스널브랜드는 자신의 이름만으로도 경쟁력을 가지는 것으로, 특히 상황과 역할에 적절한 퍼스널브랜드가 절실해지는 시대다. 어느 기업의 브랜드를 다른 기업에서 그대로 사용할 수 없듯이 한 개인에 있어서도 다른 사람들이 대체할 수 없는 여러 가지 개별적 요소들을 독자적으로 차별화하고, 지속적이고 통합적으로 관리해 나갈 때 퍼스널브랜드가 된다.

특히 기업을 경영하는 위치에 있는 경영자라면 이는 반드시 전략적으로 셀프마케팅(Self Marketing)해 갈 필요가 있다. 신뢰감과 인지도가 강조되는 현대사회에서는 역량 및 품질을 대변하는 긍정적인 이미지로서 작용한다고 해도 과언이 아니다. 다시 말해 이성적인 내적요소에 감성적인 외적요소를 잘 결합하고 표현해내는 것이 결정적인 순간에 중요한 힘을 발휘할 수 있게 만든다. 그것이 바로 매너다. 최고경영자라도 매너를 모른다면 천박한 사람으로 여겨지고 멸시를 받기 쉽다. 이렇게 되면 진정한 리더가 될 수 없다.

데일 카네기 재단에서 사회적으로 성공한 엔지니어들을 대상으로 '그들은 무엇으로 성공하였는가?'라는 주제로 조사한 결과를 참고하면, 그들의 성공요소는 85%가 매너이고, 15%가 능력이라고 한다. 그 세부적인 내용을 보면 첫 만남에서부터 인사하고 악수를 나누고 명함을 교환하며 서로 소개하는 과정에 이르기까지 상대방에게 자신을 어필하는 비즈니스매너에 대한 중요성을 강조하고 있다.

펜실베니아대학교 와튼스쿨의 스튜어트 다이아몬드 교수의 『어떻게 원하는 것을 얻을 것인가』라는 저서에서도 협상에 있어서 차지하는 주요 요인의 비중은 사람이 55%, 절차가 37%, 내용은 7%로 사람과 절차의 중요성이 93%라고 했다. 즉, 어떤 사람이 어떤 절차에 의해서 어떻게 하느냐가 무엇보다 결과에 더 큰 영향을 미친다는 것을 의미한다. 바로 퍼스널브랜드, 좀 더 구체적으로 말하자면 비즈니스매너의 중요성을 확인할 수 있다.

이렇게 강조되고 있는 비즈니스매너는 그렇게 어렵지만도 않고 거창하지도 않다. '작은 차이가 명품을 만든다'는 광고카피가 유행한 적이 있다. 그리고 지금도 많은 이들이 그 말에 공감하고 있다. 대인관계나 사회활동 중에 매너 있게 행동하는 사람은 누구에게나 호감을 주게 마련이며, 외모, 재력, 권력을 넘어 자신의 인격을 높일 수 있다. 더구나 인간의 감성을 중요시하는 현대사회에서는 학벌이나 지위, 재산의 정도, 업무능력보다도 사람마다 가진 독특한 습관이나 몸가짐인 매너로서 품성과 역량을 평가받는 시대가 된 것이다.

우리는 그런 경우를 일상적으로 주위에서 쉽게 경험할 뿐만 아니라 매체를 통해서도 흔히 접하게 된다. 세계적인 명품 브랜드의 코코샤넬도 "럭셔리의 반대말은 빈곤이 아니라 천박함이다"라는 어록을 남기지 않았는가? 다시 말해 사회적으로 품격 있는 언행으로 예의를 다하는 매너를 갖춘다면 화려한 명품으로 치장하거나 높은 사회적 지위에 오르지 않더라도 귀족이 될 수 있다는 말이다. 상황과 역할에 잘 어울리는 매너를 갖추려면 어떻게 해야 할까?

매너는 상대방에게 폐를 끼치지 않고 불쾌감을 주지 않으며, 상대방을 부끄러운 지경에 몰아넣지 않게 해 호감을 갖게 하는 동양 예절의 근본정신과 같은 서양식 예절로서 에티켓과 혼용되기도 한다. 다만 에티켓은 반드시 지켜야 하는 규범으로서 지키지 않으면 안 되는 불문율이라면, 매너는 얼마나 세련되고 품위 있는 방식으로 행동하는가이다. 예를 들면 인사를 하는 것이 에티켓이라면, 얼마나 정중하게 하는지는 매너다. 에티켓이 '무엇'에 해당한다면 매너는 '어떻게'라고 하겠다. 지금은 무엇을 하느냐보다 어떻게 하느냐가 중요한 시대다. 그러므로 에티켓만 지키는 것으로는 부족하다. 매너가 있어야 원활한 관계형성은 물론이고, 사회 속에서 인정받고 자신의 능력을 더 잘 발휘할 수 있다.

필자는 아주 오래전 어느 최고경영자모임의 워크숍에 참여했었는데 프로그램에 비즈니스매너교육이 들어 있었고 다함께 실기를 통해 배우는 시간이 있었다. 그런데 그때 대부분의 참석자들은 '우리가 지금 이런 거나 배울 수준이냐'며 교육내용에 불만을 표출하면서 교육에 제대로 참여하지 않았다. 자신들의 수준에 맞는 교육을 원한다는 것이다. 하지만 실망스럽게도 그들 중 대부분이 가장 기본적인 인사나 소개, 악수, 명함교환 매너조차 지키지 못하고 있었으며, 그 후로도 종종 만날 기회가 있었지만 별로 달라지지 않은 모습이었다. 필자는 매우 안타까웠다. 조금만 매너상식을 익히고, 생활 속에서 몸에 익히는 습관으로 만들어 가다 보면 스스로 그 놀라운 효과를 체감할 텐데 말이다.

비즈니스는 관계형성이 그 성패를 좌우한다. 그러므로 비즈니스에서의 매너는 상대방 마음의 문을 여는 열쇠가 되고, 더 부드럽고 원활하게 만드는 윤활유로서 작용하기 때문에 관계의 유지와 발전에 매우 중요한 요소가 된다. 특히 다른 부분에서 어떤 불만요소가 발생하더라도 정성껏 매너를 다해 성실하게 대처한다면 반전의 상황과 긍정적 결과를 가져올 수도 있다. 물론 잘못을 인정하거나 사과를 해야 할 때는 더 진심어린 매너를 갖춰야 통한다.

그렇다면 우리가 지켜야 할 매너에는 어떤 것들이 있을까? 앞에서 언급한 것처럼 인사와 악수매너, 소개와 명함수수, 서류전달매너, 테이블매너, 방향제시 및 안내매너, 전화와 문자매너, SNS나 이메일매너, 탑승매너 등 비즈니스의 모든 과정에서 생기는 상황에 따른 매너들이 해당되며, 여기서 나타나는 매너 수준은 바로 그 사람의 됨됨이를 면면이 드러낸다. 그러면 몇 가지 매너에 대해 간단하게나마 핵심 포인트만이라도 살펴보기로 하자.

먼저 인사는 인격을 나타내주는 바로미터 같은 요소이며, 모든 관계형성이나 일의 시작과 끝을 알리는 알람이기 때문에 그 어떤 매너보다도 우선시해야 한다. 공손한 자세와 분명한 인사말, 그리고 밝은 표정과 눈인사는 인사매너에서 꼭 지켜야 할 요소다. 인사는 했지만 건성으로 하듯 불성실한 모양이나 거만한 몸짓, 산만한 인사 등으로 매너를 지키지 않았다면 아주 중요한 비즈니스를 시작하면서도 상대방의 마음을 열지 못했을 가능성이 높다.

다음으로 악수는 매우 적극적인 인사라고 할 수 있다. 특히 스킨십으로 인해 서로의 마음을 전달할 수 있는 직접적인 비즈니스이므로 진심을 전달하기 위해 보다 세심한 배려가 필요하다. 2~3초 정도 반드시 눈 마주침과 함께 악수하며, 적절한 악력으로 반가움을 표현하되, 한 손으로 잡고, 흔들지 않는 것이 비즈니스악수의 기본매너다. 너무 세게 꽉 쥐거나 반대로 힘없이 슬쩍 스쳐가듯 하는 악수는 차라리 하지 않는 것만도 못한 느낌을 줄 수 있다.

또 소개매너는 아랫사람을 윗사람에게, 우리 회사 사람을 상대 회사 사람에게 정중하게 먼저 소개하는 것이 매너다. 그리고 명함수수매너는 비즈니스에서 가장 빈번하게 나타나는 매너의 척도라고 해도 과언이 아니다. 명함은 반드시 명함케이스에 따로 넣어 보관하고 준비한다. 명함도 아랫사람이 먼저, 우리 회사 사람이 먼저 건네는 것이 원칙이다. 이때 명함 방향은 상대방이 글씨를 정면으로 읽을 수 있도록 하고, 오른손이나 두 손으로 전하면서 자신의 소속, 이름, 직함을 말하는 것이 좋다. 또한 상대방의 명함을 받을 때도 오른손이나 두 손으로 받은 후 소속, 직함, 이름 등을 확인하면서 가능하면 소리 내어 읽으면서 상대방에게 확인시켜주고, 명함케이스에 잘 넣어야 한다.

그리고 요즈음은 통신매너도 매우 중요해졌다. 전화는 이제 비즈니스매너에서 빠질 수 없는 항목이 되었고, 문자소통을 비롯해 다양한 SNS상의 소통, 그리고 이메일까지 무엇 하나 소홀히 할 수 없는 비즈니스매너다. 직접 대면하지 않고 시간과 상황 등에 크게 구애받지 않기 때문에 자칫 소홀히 대하거나 자기 위주가 될 수 있지만, 혹 부정적인 측면으로 작용하게 되면 그 파급효과는 측정할 수 없을 만큼 매우 크다. 그래서 오히려 대면매너보다 더 신중한 자세를 가지고 성의를 다하는 태도가 요구된다.

더구나 다수에게 공개되는 SNS는 언제 어디서, 어떤 부메랑이

돼 돌아올지 모른다. 일방적이거나 수직적 소통, 정보가 너무 부족하거나 과다한 경우, 묵묵부답으로 무반응이거나 불필요한 과잉논쟁, 그리고 시간적 고려 없는 무례한 소통들은 삼가고 주의해야 할 태도다. 공감적으로 쌍방향 소통이 되도록 하고, 정확하고 적절한 자료를 제공하며, 상대방의 소통에 반응하고 답변하며 시간과 상황을 배려하는 매너가 필수적이다. 매너의 본질은 상대방을 불편하게 하지 않고 배려하는 것임을 기억하라.

비즈니스는 상대방의 마음을 열어 자신의 뜻과 생각을 효과적으로 전달해 상대방에게서 공감과 설득을 얻어내는 것이 하나의 목적이라고 할 수 있다. 그런데 상대방의 공감과 설득을 얻는 데에는 관계형성과 의사소통이 중요하다. 그리고 관계와 소통은 매너를 갖추었을 때 성공가능성이 높다. 그러므로 비즈니스에서 성공하고 싶다면 먼저 비즈니스매너를 갖도록 하라. 이제 매너로 자신을 말하자. 경영자로써의 역량을 긍정적으로 인정받아 비즈니스에서 성공해 가자. 그러기 위해 적극적으로 퍼스널브랜딩하고, 비즈니스매너로 어필하라.

CEO의 성공적인 비즈니스전략은
남다른 협상스킬에 있다

'정 사장은 협상력이 뛰어나 처리하기 곤란한 문제들을 잘 해결하곤 했다'라든가, '김 회장은 뛰어난 협상력으로 사업권을 따내는 데 성공했다'라고 한다. 이때 정 사장이 해결하고 김 회장이 성공했다는 의미는 무엇일까? 오로지 자신의 기업과 조직의 목표달성을 위해 상대방을 굴복시키고, 자신은 손해 보지 않은 채 유리한 쪽으로 결론을 냈다는 것일까? 아마도 그렇지 않을 것이다. 협상에서 성공적이었다는 것은 어느 특정한 사안을 두고, 기업이나 조직의 목표를 달성하기 위해 상대방을 설득하고 서로의 이해관계를 원만하게 조정해서 협의를 도출해냈다는 의미일 것이다.

그러므로 성공을 위한 협상전략에 대한 기본원칙과 함께 상황에 따라 대응력을 높일 수 있도록 유연한 대안을 얼마나 구상해낼 수 있는지가 CEO의 중요한 역량이다. 지속가능한 성장을 위해 '너 죽고 나 살고', '너 죽고 나 죽고'식이 아닌, '너 살고 나 살고'를 위한, 성공하는 CEO의 협상스킬은 어떻게 키워 나가야 할까?

"4딸라! 4딸라!" 무표정하고 굳은 얼굴과 단호한 목소리로 "4딸라" 만 외치며 햄버거세트를 주문하는 막무가내의 고객을 연기하는 광고모델, 최근 중년의 한 배우가 새롭게 인기가도를 역주행하게 된 광고장면이다. 이 스토리는 인기리에 방송되었던 드라마 '야인시대'에서 미군과 임금협상을 벌이던 김두한 역을 연기했던 배우가 다시 나와 패러디를 하게 된 것인데, 겨우 1달러였던 일용직 임금을 전후 협상과정을 생략한 채, 오로지 단 한마디만 밀어붙이는 뚝심으로 4배나 인상시킨 사례로, 그야말로 드라마에서나 가능한 협상이기에 요즈음 유행하는 말로 '사이다 발언', '사이다 협상'이 된 것이다. 전후 사정을 감안하지 않고, 그 상황만 본다면 김두한은 완전히 성공했지만, 미군 측은 완패한 협상이었다. 이를 두고 "홍정하는 솜씨가 기가 막혀. 금새 1달라를 4달라로 바꿔? 아무나 하는 일이 아니지"라고 말하는 그 드라마에서 상대 악역을 연기한 배우의 대사에서도 볼 수 있듯이 이는 아무나 하는 일도 아니지만 실제 일어날 가능성도 없는, 거의 희박한 협상이다. 그리고 무엇보다도 이런 식의 협상은 추후에 이어질 관계증진이나 협업을 통한 상생가능성을 염두에 둔다면 오히려 지양해야 할 방식이기도 하다.

그렇다면 우리는 협상의 의미와 중요성에 대해 얼마나 체감하며 살고 있을까? 협상이라고 하면 사각형의 테이블을 사이에 둔 채 마치 보이지 않는 밧줄을 움켜쥐고 팽팽히 줄다리기를 하는 것처럼 잔뜩 긴장된 분위기의 어색한 표정이 떠오른다. 국가와 국가, 기업과 기업, 조직과 조직 등 협상전문가들이 커다란 논제를 놓고 목표달성을 위해 사활을 거는 이미지일 것이다.

그러나 반드시 그런 협상만 있는 것은 아니다. 단순한 거래를 위한 계약이나 개인의 연봉협상, 제품이나 서비스의 가격협상 등 일반적인 흥정에 이르기까지 다양한 영역에서 다양한 형태의 협상이 존재한다. 예를 들면 메뉴선정, 시간선택, 장소결정 등 알게 모르게 일상생활에서까지도 늘 소소한 협상을 하고 있으며, 심지어 자기 자신과의 내부협상이 지금 이 순간에도 계속되고 있다고 해도 과언이 아니다.

그런데 서두에서도 언급한 바와 같이 만약 당신이 어느 기업이나

조직의 CEO라면 그 기업이나 조직에서 내·외부적으로 일어나는 크고 작은 협상들을 성공적으로 이끌어야 할 최종적 책임을 져야 하지 않는가? 그러므로 CEO의 협상전략은 남달라야 한다. 그래야 기업이나 조직의 생존과 지속가능한 경영이 가능할 것이기 때문이다.

그러면 협상이라는 주제 속으로 좀 더 들어가 보기 위해 먼저 최근 세간에서 특히 주목받았던 협상에 대한 두 사람의 주장을 간략히 알아보겠다. 그 두 사람은 펜실베니아대학교 와튼스쿨의 스튜어트 다이아몬드 교수와 도널드 트럼프 미국 대통령이다. 이들은 각각 『어떻게 원하는 것을 얻을 것인가』 그리고 『거래의 기술』이라는 저서를 통해 가장 성공적인 협상에 대해 각자의 생각을 담아낸 것으로 유용한 참고가 될 수 있겠다.

먼저 변호사와 기자로서 20여 년간 45개국의 각계각층 사람들을 대상으로 광범위한 연구데이터를 수집하여 그 결과로 '12가지 협상 전략'을 얻어낸 스튜어트 다이아몬드 교수는 '협상코스'라는 인기 강의를 이어오고 있는데, 다음과 같이 요약할 수 있다.

① 목표에 집중하라. 협상을 통해 얻고자 하는 것은 목표달성이다. 모든 행동, 몸짓 하나까지도 오직 목표를 달성하기 위한 전략이 되어야 한다.

② 상대의 머릿속 그림을 그려라. 그들의 생각, 감성, 니즈를 파악하고, 그들이 어떤 식으로 약속을 하는지, 상대방의 어떤 부분에서 신뢰를 느끼는지도 알아야 한다.

③ 감정에 신경 써라. 세상이 언제나 이성적으로 돌아가는 것은 아니다. 아이러니하지만 중요한 협상일수록 사람들은 비이성적인 태도를 취하기도 한다. 사람이 감정적으로 변하면 상대의 말을 듣지 않게 된다. 상대방의 감정에 공감하면서, 필요하다면 사과를 해서라도 상대방의 감정을 보살펴라. 그런 후 상대가 다시 이성적인 판단을 할 수 있도록 유도해야 한다. 이를 전문적인 용어로 '감정적 지불(Emotional Payment)'이라고 한다.

④ 모든 상황은 제각기 다르다는 것을 인식하라. 모든 협상에서 만능으로 통하는 전략이란 존재하지 않는다. 모두에게 통하는 일반적인 이론은 개별적인 상황에서 별다른 의미가 없다.

⑤ 점진적으로 접근하라. 성급한 말과 행동은 상대방의 마음을 멀어지게 할 뿐 아니라, 위험 요소를 키울 뿐이므로 협상을 할 때는 걸음걸이의 보폭을 줄여야 한다. 한 번에 한 걸음씩 목표 지점으로 끌어들여라. 상대가 아직 나를 덜 신뢰한다면 더욱 속도를 줄여야 한다. 간격이 많이 벌어졌다면 천천히 좁혀 나가야 한다.

⑥ 가치가 다른 대상을 교환하라. 사람들은 저마다 다른 가치 기준을 갖고 있다. 교환 대상은 단순한 이해관계나 필요의 범위를 넘어선다. 이 전략은 협상에서 목표 파이를 크게 늘리고, 더 많은 기회를 만들어낸다.

⑦ 상대방이 따르는 표준을 활용하라. 상대방의 정치적 성향, 과거 발언, 의사
결정 방식 등을 알면 원하는 것을 얻을 수 있다. 이 전략은 까다로운 사람
들을 상대할 때 특히 효과적이다.

⑧ 절대 거짓말을 하지 마라. 가면은 언젠가 벗겨지기 마련이다. 처음부터 끝
까지 진실된 자세로 협상에 임하는 것이 중요하다.

⑨ 의사소통에 만전을 기하라. 대부분의 협상 실패는 부실한 의사소통에서
기인한다. 그 자리에서 즉시 협상을 끝낼 작정이 아니라면, 서로 정한 휴식
시간이 될 때까지 멋대로 자리를 뜨지 마라.

⑩ 숨겨진 걸림돌을 찾아라. 협상에 앞서 목표달성을 막는 걸림돌이 무엇인지
부터 파악하라. 진짜 문제를 찾으려면 상대방이 왜 그렇게 행동하는지부
터 알아야 한다. 이때 중요한 것은 무조건 상대방의 입장에서 생각해야 한
다는 점이다.

⑪ 차이를 인정하라. 대부분의 사람들은 상대와 나와의 차이를 부정적으로
보고 심적으로 불편해한다. 그러나 차이에 대한 질문을 두려워하지 마라.
많은 사람들은 차이를 싫어하지만, 뛰어난 협상가는 차이를 사랑한다.

⑫ 협상에 필요한 모든 것을 목록으로 만들어라. 모든 협상 전략과 도구를 정
리한 목록을 만들어두어라. 그리고 협상에 임할 때마다 이 목록에서 구체
적인 상황에 맞는 것을 골라야 한다. 철저한 준비 없이 협상에서 이기기는
쉽지 않다.

다음은 도널드 트럼프 전 미국 대통령이 1987년, 자신의 회고록으로 공저, 출간한 『거래의 기술』이다. 그는 대통령이기 이전에 비즈니스계에서 성공한 사업가라는 칭호가 더 어울리는 것처럼, 그의 방식대로 협상을 이어가는 경영자이기도 하다. 그의 삶과 사업운영 과정에 대한 기록을 통해 그의 사고방식과 경영활동 스타일을 잘 살펴볼 수 있으며, 특히 미국의 대통령으로서 선거는 물론 국내외 정치상황을 이끄는 방식에도 그의 그러한 신념과 태도가 고스란히 드러나 있다.

여기에서 주목할 것은 그는 단지 허세를 부리고 감정조절에 서툴러 막말이나 퍼붓는 것이 아니라, 그의 경영철학에 바탕을 두고 성공적인 비즈니스의 결과를 얻기 위해 매우 치밀한 계획을 세우는 집요한 협상가로서 '거래의 달인'임을 증명해내는 것이다. 그의 삶과 거래의 지침, 11가지 원칙은 "크게 생각하라", "항상 최악의 경우를 예상하라", "선택의 폭을 최대한 넓혀라", "발로 뛰면서 시장을 조사하라", "지렛대를 사용하라", "입지보다 전략에 주력하라", "언론을 이용하라", "신념을 위해 저항하라", "최고의 물건을 만들어라", "희망은 크게, 비용은 적당히", "사업을 재미있는 게임으로 만들어라" 등이다. 이러한 원칙들은 지금도 그의 다양한 활동영역에서 면면이 드러나고 있다는 것을 알 수 있다. 오죽하면 이 책의 옮긴이는 "세상의 변화를 남보다 빨리 읽고, 성공을 위해선 수단과 방법을 가리지 않는, 한마디로 강하고 빈틈없고 야비할 정도로 냉정한 사람"이라고 말하기도 했다.

　이제 필자는 성공하는 CEO의 협상스킬에 대해 다음 몇 가지를 말하고자 한다. 협상의 원칙과 기술에서 가장 중요한 개념은 바로 '설득', 그리고 그 설득된 상대방으로부터 얻어내는 '협력'이다. 그리고 설득은 단지 말이나 글로만 하는 것이 아니다.

　즉, 내가 원하는 것을 상대방으로부터 얻어내기 위해서는 모든 커뮤니케이션 수단을 동원해 매우 적극적으로, 그리고 전략적으로 상대방의 진정한 협력을 이끌어내야 하며 그러한 설득력이 곧 협상력인 것이다. 그러므로 필자는 강한 설득력을 갖춘 성공적 협상스킬을 위해 다음 네 가지 원칙을 제안한다.

　첫째, 목표와 대안이다. 협상에서 최종적으로 얻고자 하는 목표를 구체적이고 분명하게 설정하고, 협상과정의 난항을 예상하여 미리 충분한 대안을 준비하라.

　둘째, 이익과 협력이다. 공동의 이익과 각자에게 돌아갈 혜택이 무엇인지 가능한 한 명확히 예측하고, 이를 위해 양보하고 협력해야 할 것을 사전에 파악하고 계획하라.

셋째, 신뢰와 환경이다. 신뢰를 쌓을 수 있는 다양한 장치를 마련하고, 특히 시간, 장소, 사람에 대해 가장 이상적인 배경과 환경을 조성해 서로가 편안한 분위기로 만들어라.

넷째, 공감과 소통이다. 협상과정과 결과에 대한 공감대를 형성하고 인내하며, 이성적요소와 감성적요소를 모두 중시하고 언어적, 비언어적으로 적극적인 소통을 하라.

오늘도 우리는 다양한 협상테이블에서 다양한 상대를 만나게 되며, 수많은 선택과 결정을 내리며 하루를 보낸다. 그리고 당신이 CEO라면 그 선택과 결정은 기업과 조직의 운명과 성장의 열쇠가 될 수도 있다는 것을 자각해야 한다. 따라서 기본과 원칙을 지키는 협상과정 속에서도 남다른 협상스킬을 발휘해야 지속가능한 경영이 가능하다는 것을 부정할 수 없다. 필자가 제시한 성공적인 협상스킬을 적용하여 곳곳에서 남다른 협상력을 발휘해 가며 성공을 거듭해 가는 경영자가 되길 바란다.

조직과 직무에 적합한 인재선발을 위한
면접관의 역량과 역할

"딱 보면 안다"고 한다. "질문 한두 개만 해봐도 인재를 알아본다"고도 한다. 사람이 사람을 평가할 때 가장 많이 하는 말 중에 하나이면서 대부분 여기에 공감하기도 한다. 그러나 정말 그럴까? 혹시, 편견은 아닐까? 선입견은 아닐까? 그러다가 진짜 중요한 부분을 간과하거나 잘못 보는 것은 아닐까?

"어떤 인재를 채용하고 싶은가?"라는 질문을 받는다면 어떻게 대답하겠는가? 아마도 할 말이 많을 것이다. 그렇다면 이와는 반대로 "면접지원자 중에서 꼭 피하고 싶은 대상자는 어떤 유형인가?"라고 묻는다면 어떤 답변을 하게 될까? 그런데 선발하고 싶은 인재와 그 반대의 경우를 잘 구분하기 위해서는 채용과정에서 오류를 줄이고 최적의 인재를 얻기 위한 매우 꼼꼼한 기준과 구조화된 면접과정이 필수적이라고 하겠다. 물론 기관이나 기업마다 조직문화가 다르고, 또 직군이나 직무에 따라 원하는 인재가 다르겠지만, 그에 적합한 인재선발방법에는 크게 차이가 없으며, 오히려 증명되고 일반화된 기법들을 적용한다면 필요로 하는 좋은 인재를 채용할 수 있을 뿐만 아니라 적어도 오류를 범하는 실수를 줄일 수 있을 것이다. 필자는 HR(Human Resource)분야의 채용전문면접관으로 인재선발과정에 참여해 오고 있다. 본 항목에서는 필자의 이러한 채용면접지식과 기술, 그리고 다양한 채용현장에서 축적해 온 경험을 기반으로 이야기하고자 하니 상황에 맞도록 적용해서 도움이 되길 바란다.

조직을 구성하는 인적자원을 채용할 때는 그 채용과정에서부터 적합한 인재를 선발하는 것이 중요하다. 이는 매우 당연한 사실이다. 인사(人事)가 만사(萬事)라고 하지 않는가? 즉, 조직의 성장과 발전은 물론 기업의 운명을 좌우하는 다양한 요인 중에서도 인적자원, '사람'이 가장 중요한 요인이라는 데에는 누구나 고개를 끄덕이게 된다. 그러므로 선발단계에서부터 적합한 인재를 찾아야만 그 후 기업에서의 활용이나 더 추가되는 인재육성과정에서도 좋은 성과를 내는 효율적 인력관리가 가능해지는 것이다. 일단 뽑아놓고 차차 교육시키면 된다는 방식, 혹은 면접관의 주관적 판단에 의한 결정은 매우 위험한 일이다. 그런 경우라면 결국 선발된 지원자나 조직, 양쪽 모두가 손실을 겪게 될 확률이 매우 높다. 처음부터 서로에게 도움이 되는 인재를 선발하는 것이 관건이다.

전반적인 채용과정이나 면접현장에서 가장 중요하게 여겨야 할 측면은 바로 두 가지 측면이다. 바로 '조직적합도'와 '직무적합도'이다. 객관적으로 볼 때 학력, 스펙, 커리어 등에서 아무리 우수한 전문성을 가졌다고 하더라도 그 조직에 어울리지 않거나 그 직무에 맞지 않는 지원자라면 '적합인재'라고 할 수 없다. 최고의 능력을 갖춘 우수한 인재가 좋은 인재라는 불필요한 욕심을 과감하게 버리고, 조직과 직무에 필요한 역량을 갖추었거나 그럴 가능성이 있는 사람이 필요한 인재라는 것에 대해 보다 냉정하게 기준을 세워야 한다. 그리고 채용과정이나 특히 면접과정에서 이에 흔들림 없이 최적의 인재를 선발하도록 오류를 줄여야 한다. 조직마다 성장해 온 역사가 있고, 추구하는 미션이나 핵심가치가 다르게 마련이며 그와 함께 형성되어 온 문화적 배경이나 특성에 차이가 있다, 이러한 조직의 핵심동력이나 가치에 어울리는 지원자를 잘 가려내는 것이 면접관의 최우선과제다.

그러려면 기업에 지원하는 피면접자도 많은 준비를 하지만, 기업에서 면접을 담당할 면접관은 더 많은 준비를 해야 한다. 그리고 소홀히 해서는 안 되는 중요한 준비사항 중 하나는 면접과정 중에 면접관이 해야 할 행동과 하지 말아야 할 행동에 대해 명확히 인지하고, 이를 실행에 옮기는 것이다.

　그러면 먼저 성공적인 면접을 위해 면접관이 해야 할 바람직한 행동에 대해 알아보자. 우선 면접에 임하기 전에 무엇을 평가할 것인지 그 평가요소에 대해 충분히 이해하고, 그에 따라 면접에서 활용할 질문들을 미리 몇 가지 준비하고 이를 사전에 숙지해야 한다. 그리고 면접 시 2인 이상의 지원자가 있을 때는 공정하게 대해야 하며, 지원자에 대한 선입견과 편견을 줄이고 객관적 입장으로 임해야 한다. 면접관은 조직을 대표하고 기업의 자원을 선발한다는 중요임무를 수행한다는 것을 기억하고, 기업과 조직의 이미지를 대표로 지원자에게 전달하게 된다는 것도 잊지 말아야 한다. 그러므로 면접과정에서 지원자에게 주의를 집중하고, 지원자를 관찰하여 의미 있는 행동단서나 준거를 최대한 획득하려고 노력해야 한다. 면접관의 감각이나 느낌, 예단이 아닌 직접 관찰한 행동과 답변내용에 초점을 맞추고, 평가의 근거가 되는 것들을 메모하면서 정보를 기록해두고 평가하는 것이 바람직하다.

그러나, 종종 면접관이 해서는 안 되는 행동들을 아무렇지 않게 습관적으로 하는 경우들을 볼 때가 많다. 면접관으로서 바람직하지 않은 자세는 어떤 것들인지 몇 가지를 언급해보겠다. 먼저 지원자를 존중하지 않거나 무시하는 태도나 질문은 금기다. 그리고 존중하지 않는 듯 보이거나 무시하는 듯 느껴질 만한 언어적, 비언어적 행동도 하지 않도록 주의해야 한다. 거기에 차별적인 사항, 예를 들면 성별이나 출신지역, 학교, 외모, 가족관계 등에 대한 발언을 대놓고 하거나, 직무와 직접적인 관련이 없는데 군이 연관 지어 묻는 것도 시대적인 요구사항을 반영해 삼가야 한다. 특정인이나 특정 종교, 특정 정치색 및 집단에 대해 혐오하거나 비하하는 내용, 또는 직무 및 면접평가 요소와 무관한 엉뚱한 질문을 해 지원자를 당황하게 하는 면접방식은 이제 사라진 지 오래다. 또 지원자의 말을 일방적으로 끊거나, 답변에 비해 질문을 너무 길고 복잡하게 하거나, 지원자의 답변내용에 대해 옳고 그름을 판단하여 그 자리에서 피드백을 준다거나, 교육적인 태도로 훈계를 한다거나 심지어 논쟁을 벌여서는 더더욱 안 된다. 지원자들이 위와 같은 행동을 하는 면접관을 만나게 된다면, 설사 기업이 지원자를 선발하고 싶어 하더라도 지원자가 기업을 선택하지 않을 확률이 높다.

그런데 이렇게 면접관들이 바람직한 행동과 바람직하지 않은 행동들에 대해 잘 숙지하고 면접에 임한다고 해도 실제 면접과정에서는 안타깝게도 상당히 많은 오류가 생긴다. 그 이유에는 시스템이나 다양한 상황변수 등 여러 가지가 있겠지만, 그중에서도 면접관의 평가 성향에서 발생하는 대표적인 오류들이 주요 요인으로 상당히 우려되는 부분이다. 예를 들면 지나치게 자기중심적으로 평가하려는 성향, 극히 일부 단서에 의존해 전체를 평가하는 성향, 오직 첫인상의 느낌에 근거한 평가 성향, 너무 보편적으로 관대하게 평가하려는 성향, 일관성을 지키지 않고 다른 평가기준을 적용하려는 성향 등이 그런 경우다. 그러면 이에 대해 하나하나 좀 더 살펴보자.

첫째, 지나친 자기중심적 평가 성향은 면접관의 귀인오류가 발생하는 것으로 자신의 주관적 기준에 근거하여 평가하려는 경향이 강한 면접관이다. 이 경우, 편견이나 선입견이 작용할 수 있으므로 적합인재를 선발하는 과정에서 착오가 생길 가능성이 있다.

둘째, 극히 일부 단서로 전체를 평가하려는 성향을 가진 면접관은 후광오류를 발생시키게 되는데 이는 일부의 특징적 장점 또는 단점만으로 전체를 평가하게 되므로 그러다보면 더 중요한 다른 요소들을 간과하는 오류가 발생할 수 있다.

셋째, 첫인상의 느낌에 근거한 평가 성향이다. 면접자의 뇌에 처음 들어오는 초기정보가 후기정보보다 강한 효과를 발휘하는 초두효과(Primacy Effect)로 인해 발생하는 것으로, 사람들의 초기 인상에 근거하여 전체를 평가하기 때문에 오류를 낳게 되는 경우다.

넷째, 너무나 보편적으로 관대하게 평가하려는 성향을 가진 면접관에게서 나타나는 오류, 관대화다. 습관적으로 사람들을 관대하게 평가하는 경우로, 이럴 경우는 지원자에게서 부정적인 요소를 발견하기 어렵고, 때로는 치명적 단점까지도 놓치게 된다.

다섯째, 처음부터 끝까지 일관성을 지키지 않고, 다른 평가기준을 적용하려는 면접관의 평가 성향에서 발생하는 오류다. 이는 주로 면접관의 정서적, 감정적 관리에서 생기는데, 개인의 정서 상태나 상황에 따라 판단의 기준이나 평가가 달라지는 경향으로, 달라진 감정 상태나 상황에서 평가하게 되면 그 기준이 달라질 수도 있다.

이외에도 사람이 사람을 평가한다는 것의 한계, 특히 면접관 개개인의 특성이나 습관에 의해서 발생 가능한 오류들이 있다. 그러므로 보다 객관적이고 냉철한 판단을 내리는 데 도움이 되는 몇 가지 방법을 요약해 소개하고자 한다.

먼저 초두효과, 초기효과, 최근의 정보효과 등이 강하게 작동하는 오류를 방지하기 위해서는 면접진행과정에서 지원자의 역량을 평가할 수 있는 근거들을 최대한 그대로 기록하며 메모한 다음, 그 기록된 근거들에 의해서 평가하는 것이 도움이 된다.

다음은 면접관의 선택적 지각과 인식에서 발생하는 오류다. 자신의 성격, 이론, 인간관, 조직관 등에 따라 선택적으로 수용하는 경향이 강한 면접관은 자신의 관심과 우선순위에 초점을 두려는 경향이 뚜렷하다. 이를 예방하기 위해서는 면접자가 평가해야 할 지원자의 역량이 무엇인지 평가관련 기준이나 자료를 명확하게 확인하고 숙지한 후, 그것을 하나하나 평가해 가는 것이 최대한 오류를 줄이는 대책이다.

또 후광효과나 유사성효과에서 비롯되는 면접판단오류다. 이는 면접관이 지원자의 어느 한 가지 특정 장점이나 단점을 중요한 기준으로 삼아 다른 것까지 함께 평가해 버린다거나 자신과 유사한 사고나 행동을 나타내는 지원자의 반응이나 어떤 근거에 대해 과도하게 긍정적이고 공감적인 자세로 해석하고 판단하는 것이다. 이러한 편협된 효과를 막기 위한 방법은 우선 전반적인 인상을 규정짓지 말고, 면접내용을 차근차근 기록하고 평가해야 한다. 부수적인 것들을 배제하고 해당질문의 목표가 되는 역량의 정의와 행동지표, 평가요점만을 중심으로 판단해야 한다.

 그리고, 지나친 관대화경향은 변별력 저하로 적합인재를 선별하는 데에 큰 장애가 된다. 사실적 근거에 관계없이 지원자 모두에게 극단적인 긍정적 관점을 적용하고 관대해지려는 자세로 평가한다면 프로세스나 선별기준보다는 면접관의 인식의 틀이 문제가 된다. 이런 성향의 면접관은 자신의 관대화경향성과 관대화의 정도를 인식하는 것이 중요하고, 점수조정을 통한 문제해결 방식 등을 적용하면서 항상 유의해야 한다.

 지금은 어느 조직이나 기업이든 지속가능성을 위해 사람에 대한 중요성을 깊이 인식하고, 핵심자원으로 관리하고 있는 시대다. 최적의 인재를 선발하기 위해 전문성과 인성으로 직무수행역량을 갖추고 있는지 꼼꼼하게 살펴보고, 다양한 측면에서 구조화된 면접 절차와 과정에 의해 엄격한 채용시스템으로 이뤄지는 경향이 상당히 증가하고 있다. 그러나 아무리 좋은 평가도구가 개발되고 철저히 관리된다고 하더라도 면접현장의 면접관에게서 심각한 오류가 발생한다면 커다란 문제가 아닐 수 없다.

스타트업이나 중소기업현장에서는 현실적으로 체계화된 채용시스템을 갖추기 어렵고, 실제로 적용하기도 힘들다는 것도 안다. 하지만 최소한의 채용시스템을 객관적으로 만들고, 이를 최대한 활용해야 기업의 지속가능한 경영에 핵심자원이 될 인재선발이 효과적으로 이뤄질 것이며, 이는 곧 효율적인 조직관리에 가장 중요한 요소가 된다는 것을 알아야 한다. 기업의 경영자는 이에 대한 확고한 신념을 가지고 책임감 있게 추진해야 할 필요가 있으며, 적합인재를 선발하는 면접에서 오류가 발생하지 않도록 면접관으로서의 역량을 쌓아야 한다. 이러한 노력들이 긍정적으로 작용하고 바람직한 결과로 이어질 때 경영자로서의 성공가능성을 높여주는 막강한 힘이 된다는 것을 다시 한번 강조한다.

창업(創業)이란 '사업을 처음으로 시작하여 그 기초를 세우다'이고, 기업(企業)은 '이익을 목적으로 생산, 판매, 금융, 서비스 따위의 사업을 하는 생산 경제의 단위체'이며, 경영(經營)은 '사업이나 기업 등을 계획적으로 관리하고 운영함', 기업 경영(企業經營)은 '기업을 관리하고 운영하는 일'이라고 사전에서 정의한다.

그리고 창업과 경영을 얘기할 때 가장 먼저 언급되는 것이자 꼭 필요한 것 중 하나가 바로 기업가 정신(企業家精神)이다. 기업가 정신의 사전적 정의는 '기업가의 고유한 가치관이나 기업가적 태도로써 기업의 본질인 이윤을 추구하고 사회적 책임을 수행하기 위하여 기업가가 갖추어야 할 자세나 정신을 이르는데, 기업이 처한 상황과 시대에 따라 변화한다'고 되어 있다.

그러므로 '창업과 경영', 즉 기업을 창업하고 경영한다는 것이 무엇을 의미하는지 위의 사전적 정의들을 통해 필자가 종합적으로 정리해보자면 '이익을 목적으로 생산, 판매, 금융, 서비스 따위의 사업을 하는 생산 경제의 단위체를 처음으로 시작하여 그 기초를 세우고, 기업을 계획적으로 관리하고 운영하는 일'이라고 말할 수 있겠다. 그리고 창업과 경영을 하는 기업가에게는 기업이 처한 상황과 시대에 따라 변화하는 기업가의 자세나 정신이 요구된다고 하겠다.

우리는 여기에 있는 단어 하나하나의 의미, 그리고 문장 전체에서 나타나는 문맥상의 흐름만 보아도 기업가 또는 경영자가 기업의 창업과 경영을 어떻게 해야 하는지 한눈에 파악해볼 수 있다. 그리고 이것은 필자가 그동안 써 왔던 칼럼들을 모아 이 책을 출간하게 된 의도와 매우 일치한다.

기업가, 다시 말해 경영자는 미래를 예측할 수 있는 통찰력과 새로운 것에 과감히 도전하는 혁신적이고 창의적인 정신을 가져야 하며, 거기에 고객지향적인 경영철학으로 공정한 경쟁을 통한 투명한 경영과 사회적 책임 의식을 가지고 실천해 나가기를 시대가 요구하고 있다. 또 기업의 내·외부적인 환경변화를 민감하게 분석하고 이에 대응하면서 더 나은 기회를 추구하고, 그 기회를 잡아 성장하

맺음말

는 계기로 만들기 위해 항상 혁신적인 사고와 구체적인 계획을 수
립하며 이에 대한 실천적인 행동으로 시장에 새로운 가치를 창조하
고자 하는 생각과 의지를 확고하게 가지고 있어야 한다.

이는 미국의 경제학자 슘페터(Schumpeter, Joseph Alois)의 견해처
럼 기업가는 혁신자로서 새로운 생산 방법과 새로운 상품 개발을
기술 혁신으로 규정하고, 기술 혁신을 통해 창조적 파괴(Creative
Destruction)에 앞장서야 한다고 했다. 그리고 신제품 개발과 새로
운 생산 방법의 도입, 새로운 시장 개척 및 새로운 원료나 부품의
공급, 그리고 새로운 조직의 형성과 노동 생산성 향상 등이 혁신자
가 갖추어야 할 필수요소라고 강조했다.

그렇다. 필자가 이 책에 담은 주제들이 바로 기업가가 갖추어야
할 요소들, 즉 경영자가 필수적으로 가져야 할 역량과 핵심적으로
해야 할 일들이다. 그리고 이 책의 내용들은 단지 다른 책에서 인
용하거나 다른 참고자료들을 모아 놓은 것이 아님을 다시 한번 말
해둔다. 그것은 필자가 직접 공부하고 연구하며 터득한 지식들, 그
리고 교육과 심사, 컨설팅 등 창업과 경영의 현장에서 업무를 수행
하면서 직·간접적으로 경험한 기술과 축적한 노하우들이다. 이를
독자들과 함께 공유하고 나눔으로써 생존이 가능한 창업과 안정적

인 성장을 넘어 지속가능한 경영을 할 수 있도록, 경영자의 성공을 돕고자 한다.

그러다보니 아쉬운 부분도 있다. 필자의 전문분야라고 보기 어려운 법률과 세무회계에 관한 내용은 구체적으로 포함되어 있지 않다. 아무래도 세부 전문분야로 여겨지는 두 가지 분야를 필자가 다루기에는 무리가 있다고 판단했기 때문이며, 이는 필자의 한계라고 느꼈다. 이 점에 대해서는 독자들께서도 충분히 이해해 주시리라 믿는다.

필자가 가지고 있는 삶에 대한 가치관 중 제일 우선순위는 '남을 돕자. 남의 성공이 나의 성공이고 남의 행복이 나의 행복'이다. 흔한 말이기도 하다. 이는 내가 삶의 중심이 아니라거나 나의 삶이 중요하지 않다는 것은 아니다. 가정은 물론 사회 속에서 지금까지 살아 오면서 깨달은 바이며, 아주 오랫동안 형성되어 온 삶의 철학이라고도 하겠다. 가족이 성공하도록 돕는 것, 내가 함께 일하는 사람들을 돕는 것, 내 고객을 돕는 것이 바로 내가 가장 먼저 해야 할 일이며, 언제나 실천해야 할 가치라는 것이다. 그들을 돕기 위해서는 내가 먼저 충분히 준비하고, 어디서나 내가 가진 역량을 최대한 발휘하여 역할을 수행하며, 이러한 과정에는 항상 정성을 다하는 성실함이 밑바탕이 되어야 한다. 그렇게 살아가는 것이 곧 나를 돕는 길이고, 나도 성공하며 나도 행복해지는 길이라는 것을 사는 동안 점점 더 확신하게 된다.

그래서 부족한 글이지만 용기를 내 책으로 묶어내게 되었고, 이 책으로 도움을 얻는 창업자, 경영자들이 많아지길 바라며, 그런 독자들과 함께 필자도 지속가능한 성공과 행복을 꿈꾸어 본다.

창업과 경영의 건강한 생태계를 만들 수 있길 바라며

신은희